Ethik der Robotik und der Künstlichen Intelligenz

THEOLOGISCH-PHILOSOPHISCHE BEITRÄGE
ZU GEGENWARTSFRAGEN

Herausgegeben von Susanne Dungs, Uwe Gerber, Lukas Ohly
Gerhard Schreiber und Andreas Wagner

BAND 22

Lukas Ohly

Ethik der Robotik und der Künstlichen Intelligenz

PETER LANG

Bibliografische Information der Deutschen Nationalbibliothek
Die Deutsche Nationalbibliothek verzeichnet diese Publikation
in der Deutschen Nationalbibliografie; detaillierte bibliografische
Daten sind im Internet über http://dnb.d-nb.de abrufbar.

Coverabbildung:
© Lukas Ohly

ISSN 2194-1548
ISBN 978-3-631-78844-8 (Print)
E-ISBN 978-3-631-78848-6 (E-PDF)
E-ISBN 978-3-631-78849-3 (EPUB)
E-ISBN 978-3-631-78850-9 (MOBI)
DOI 10.3726/b15565

© Peter Lang GmbH
Internationaler Verlag der Wissenschaften
Berlin 2019
Alle Rechte vorbehalten.

Peter Lang – Berlin Main · Bern · Bruxelles ·
New York · Oxford · Warszawa · Wien

Diese Publikation wurde begutachtet.

www.peterlang.com

Für Roland

Danksagung

Für die Übernahme des Druckkostenzuschusses danke ich dem „Verein zur Förderung ethischer Urteilsbildung in Erziehung und Unterricht" (VEU). Ebenso danke ich dem Peter Lang Verlag für die gewissenhafte Prüfung des Manuskripts sowie die enge Zusammenarbeit im Produktionsprozess, insbesondere Dr. Hermann Ühlein. Meinem Freund Dr. Roland Kunz widme ich dieses Buch als Dank für seine vielen Gespräche und seine kompetenten Rückmeldungen zum Thema.

Inhaltsverzeichnis

Inhaltsverzeichnis

1. Einleitung

Zum 500. Jubiläum der Reformation im Jahr 2017 hatte die Evangelische Kirche in Deutschland in Wittenberg eine Weltausstellung veranstaltet, bei der sich die einzelnen evangelischen Landeskirchen präsentieren konnten. Eine Attraktion soll dabei ein Roboter der südhessischen Kirche EKHN gewesen sein, der die Passanten auf Knopfdruck gesegnet hatte. Der Segensroboter BlessU-2 sah einem Bank- oder Fahrscheinautomat ähnlich. Man konnte auf einer interaktiven Schaltfläche wählen, ob man einen Reisesegen haben wollte, einen Schutzsegen oder einen Segen für andere Bedürfnisse. Auch die Sprache konnte ausgewählt werden (zwischen deutsch, englisch, spanisch – sogar ein Segen auf hessisch war enthalten). Nachdem die Benutzer ihr Segens-Menu zusammengestellt hatten, erhob der Roboter seine Hände, die anfingen zu leuchten, und segnete die vor ihm stehende Person – ganz persönlich...

Eine Auswertung durch die Öffentlichkeitsabteilung der EKHN ergab, dass sehr viele Menschen begeistert oder sogar angerührt von BlessU-2 waren.[1] Andere wiederum sahen in dem Roboter ein Goldenes Kalb, eine Art Götzendienst oder Gotteslästerung. Innerhalb der Kirchen wurde diskutiert, ob Roboter überhaupt segnen können und ob der Segen gültig war. Vor allem Pfarrerinnen und Pfarrer waren davon abgeschreckt, ebenso diejenigen Christen, die soziologisch zu den kirchlich Hochverbundenen zählen. Dagegen fanden kirchlich distanzierte Menschen die Idee interessant oder toll.

Das Ergebnis bestätigt, was wir auch aus anderen Untersuchungen wissen: Roboter machen uns die Kommunikation leicht. Wer von den kirchlich Distanzierten würde eine Pfarrerin aufsuchen, damit sie ihn segnet? Ganz offensichtlich sind die Hemmschwellen hoch, wenn man sich von einem Menschen segnen lassen will. Aber der Segen eines Roboters ist niedrigschwellig und angenehm. Dieselben Ergebnisse zeigen andere Roboter, etwa in der Altenpflege: Ein Roboter, der pflegebedürftige Menschen duscht, wird von ihnen gegenüber einer menschlichen Pflegekraft vorgezogen. Kommt

---

1 V. Jung: Segensroboter? 7.

die Tochter einmal in der Woche die Altenheimbewohnerin besuchen, dann lässt diese sich nicht davon ablenken und spielt stattdessen weiter mit dem Spieleroboter des Hauses.[2] Kunden unterhalten sich mit Sprachassistenten lieber als mit „echten" Beratern oder zahlen lieber an der Selbstbedienungskasse als bei einer Kassiererin. Dafür nehmen sie sogar längere Wartezeiten in Kauf, vermutlich weil sie denken, sie würden weniger warten.

Die Diskussionen zu den anderen Robotern gleichen der Diskussion um den Segensroboter: Werden Altenheimbewohner in ihrer Menschenwürde verletzt, wenn sie von Robotern versorgt werden? Ist das eine Misshandlung? Wird der Wert zwischenmenschlicher Kommunikation zerstört, wenn wir mit Sprachassistenten reden statt mit Menschen? Darf man mit Robotern Sex haben oder zerstört das den Glanz sexueller Liebe?

Nach Prognosen werden rund 40 Prozent der Berufe in westlichen Gesellschaften in den nächsten 20 Jahren von Robotern übernommen. Obwohl vor allem zunächst Berufe im sogenannte Niedriglohnsektor betroffen sein sollen, erwartet man, dass Roboter, die zugleich mit Künstlicher Intelligenz (KI) ausgestattet sind, uns Menschen in vielen Hinsichten überlegen sein werden: So rechnet man damit, dass der Straßenverkehr sicherer wird, wenn nicht mehr der Mensch selbst hinter dem Steuer sitzt, sondern wenn autonom fahrende Autos sich selbst steuern. 90 Prozent aller Autounfälle gehen auf menschliches Versagen zurück.[3] Wenn nun der Mensch als Störfaktor ausgeschlossen werden kann, suggeriert diese Zahl, dass der Straßenverkehr sicherer werden und weniger Verkehrsopfer bringen wird.

Roboter werden nicht müde und können Ärzte beim Operieren ersetzen. Mit Hilfe von Sensortechnik und intelligenten „Händen" können sie behutsamer und exakter in körperliches Gewebe schneiden – bis in den Mikrobereich oder sogar Nanobereich genau. Künstliche Intelligenz kann schneller hochkomplexe Sachverhalte überblicken, schneller rechnen und hat via Internet einen schnelleren Überblick über das gesammelte Weltwissen als Menschen, die erst einmal mühsam im Netz surfen müssen, bis sie die passende Information gefunden haben. Deshalb könnte es in den nächsten Jahren schon die ersten Lehrerroboter an Schulen geben. Sogar

---

2 Sh. Turkle: Alone Together, 117.
3 J.K Gurney: Imputing Driverhood, 51.

pädagogische Fähigkeiten traut man Robotern zu, die gezielter und individueller auf unterschiedliche Lerntypen eingehen können.[4] Der Arbeitsplatzverlust wird also auch die Bildungselite treffen.

Die Rede ist vom „Superhumanismus": Wir erschaffen Wesen, die besser sind als wir. Die meisten Philosophen sehen diese Entwicklung als Gefahr für die Menschheit. Warum – so fragt etwa der Bestsellerautor Yuval Harari[5] – sollten wir davon ausgehen, dass Roboter unsere Menschenrechte achten werden, wenn wir doch auch Lebewesen ausbeuten und töten, die eine geringere Intelligenz haben als wir (Tiere, Pflanzen)? Nur eine kleine Minderheit erhofft sich vom Superhumanismus, dass Roboter ihre Intelligenz nutzen werden, um sich moralischer zu verhalten als Menschen.

Das setzt aber voraus, dass Roboterintelligenz überhaupt moralisch sein kann. Können sich nicht nur Subjekte moralisch verhalten – Wesen, die Gefühle haben, ein Gewissen; Wesen, die wissen, wie es sich anfühlt, verletzt zu werden? Transhumanisten werden darauf antworten, dass sich solche Künstliche Intelligenz durchaus einprogrammieren lässt. Wenn menschliche Intelligenz von materiellen Bedingungen abhängt, dann muss nur die materielle Ausstattung nachgebaut oder zumindest ihre Struktur simuliert werden. Warum sollen dann künstliche Subjekte nicht möglich sein? Und damit auch künstliche Moralwesen?

1.1 Robotik als Thema der Theologischen Ethik

Warum das ein Thema für die Theologische Ethik ist, erklärt sich zum einen daraus, dass der besondere Status des Menschen fraglich wird. Nach der Theologischen Anthropologie ist der Mensch das Ebenbild Gottes und steht damit in unvergleichlicher Weise in einem Verhältnis zu Gott. Wäre es nicht willkürlich, wenn wir künstlichen Wesen diesen Status nicht anerkennen, obwohl sie uns überlegen sind? Zwar hat die neuere Theologische Anthropologie die Gottebenbildlichkeit nicht an bestimmte menschliche Eigenschaften gebunden: Der Mensch ist Gottes Ebenbild, nicht weil er einen aufrechten Gang hat oder intelligent ist – sondern weil Gott ihn zu seinem

---

4   Roboter, die mit lernbehinderten Kindern interagieren, werden schon gegenwärtig im Experiment eingesetzt (A. Elder: Robot Friends for Autistic Children, 116).
5   Y.N. Harari: Homo Deus, 116.

Partner erwählt hat.[6] Aber können wir dabei völlig ausklammern, dass es bald künstliche Wesen gibt, die uns nicht nur ähnlich sind, sondern uns auch in unseren geistigen Fähigkeiten übertreffen? Können wir also völlig von den Eigenschaften absehen? Für die meisten Ausleger biblischer Texte ist die Gottebenbildlichkeit mit dem Anspruch verknüpft, Gottes Schöpfung zu bebauen und zu bewahren – also für ein ökologisches Gleichgewicht zu sorgen.[7] Ist nicht zu erwarten, dass hyper-intelligente Wesen dazu viel mehr in der Lage sind als wir, die wir unseren Planeten bis an den Rand des ökologischen Zusammenbruchs ausgebeutet haben?

Der zweite Grund, warum das Thema Robotik für die Theologische Ethik relevant ist, hängt damit zusammen, dass menschliche Religiosität und christlicher Glaube an der Subjektivität hängt: Wir können glauben, weil wir ein Ich sind, also ein Erleben haben. Noch stärker hat Friedrich Schleiermacher behauptet, dass Subjektivität *bedeutet*, religiös zu sein: Wer sich selbst erlebt, erlebt dabei, einen Bezug zu Gott zu haben. Was bedeutet es nun theologisch, wenn wir künstliche Subjekte erschaffen können? Machen wir uns dann nicht zum anbetungswürdigen Schöpfer? Übernehmen wir also eine Fähigkeit, die bisher nur Gott zukam? Stellen wir uns also mit ihm auf eine Stufe?

Der dritte Grund liegt darin, dass sogenannte „Robotizisten" – also die Anhänger eines Weltbildes, das auf Künstlicher Intelligenz und Robotik fußt – selbst theologische Anspielungen machen: Sie sprechen zum Beispiel von der Verwirklichung von Unsterblichkeit: Mit Hilfe von KI könnten die Informationen unseres Gehirns gescannt und gespeichert werden. Am Tag unseres Todes könnte man dann unser Gehirn in einen künstlichen Roboter-Körper übertragen. Oder man verhindert bereits unseren körperlichen Tod, indem man unsere kranken Körperteile und Organe gegen Prothesen und künstliche Gewebe eintauscht. Dabei werden wir selbst mehr und mehr künstliche Wesen, die jedoch ihren Geist behalten. Die Ähnlichkeit zur Auferstehungshoffnung bei Paulus könnte kaum größer sein: „Es wird gesät ein natürlicher Leib und wird auferstehen ein geistlicher Leib" (1. Kor. 15,44).

---

6 W. Huber, W./ H.E. Tödt: Menschenrechte, 189.
7 E. Zenger: Gottes Bogen in den Wolken, 180.

Hier wiederholen sich die theologischen Bedenken: Dürfen wir Gott ins Handwerk pfuschen, indem wir Unsterblichkeit auf Erden realisieren? Meine Bedenken haben nichts damit zu tun, dass ich eine Verlängerung des menschlichen Lebens für unmoralisch hielte. *An sich* ist das nicht bedenklich. Das größere Problem sehe ich darin, dass mit diesen Möglichkeiten die Ungerechtigkeiten zwischen den Menschen anwachsen dürften: Es wird Menschen geben, die sich ihre Unsterblichkeit leisten können, während andere nach wie vor sterben. Dazu kommt, dass Unsterblichkeit auch kein Wert an sich ist. Man kann unsterblich sein und zugleich zu lebenslänglicher Haft verurteilt sein. In diesem Fall ist Unsterblichkeit die Hölle auf Erden. Die theologische Rede vom ewigen Leben schließt daher nicht nur die Erlösung vom Tod ein, sondern auch Erlösung von Gewalt und Qualen. Vielleicht werden wir eines Tages so sehr technische Wesen sein, dass wir keine Schmerzen mehr haben können. Wenn mein Körper nach unzähligen Operationen ausschließlich aus technischen Prothesen besteht, könnten mir Schmerzen abgenommen werden. Die Pointe an der Unsterblichkeitshoffnung der Robotik besteht aber darin, dass wir noch unseren Geist behalten. Der Geist bleibt jedoch verletzbar, einfach weil wir verletzbare Subjekte sind. Die Theologie hat die Aufgabe, die Differenzen aufzuzeigen, die zwischen den religiösen Erlösungsphantasien der Robotik und der christlichen Hoffnung bestehen.

Ich halte übrigens die meisten dieser Erwartungen für übertrieben. Ich sehe die ethischen Probleme der Robotik, glaube aber mehr, dass sie vor allem dadurch entstehen, dass Menschen solche übertriebenen Erwartungen haben. Roboter werden viel können und sie werden auch vieles besser können als wir. Wir werden jedoch keine Schöpfer neuer Subjekte. Die größte Gefahr der Robotik sehe ich darin, dass wir menschliche Fähigkeiten durch Roboterfähigkeiten ersetzen können und daraus fälschlicherweise folgern, dass Roboter *unsere* Fähigkeiten haben. Zum Vergleich: Mit einem Fahrrad kann man sich schneller fortbewegen als zu Fuß. Aber daraus folgt nicht, dass Fahrräder Füße haben, nur schnellere. Wenn Roboter menschliche Tätigkeiten ersetzen, dann heißt das nicht einmal, dass sie selbst Tätigkeiten ausüben. Wenn sie menschliche Entscheidungen ersetzen, heißt das nicht, dass sie selbst etwas entscheiden. Und wenn sie menschliche Gefühle ersetzen, fühlen sie nicht selbst etwas.

Es gibt offenbar sogenannte „Funktionsäquivalenzen": Dieselbe Funktion lässt sich auf unterschiedliche Weise erfüllen. Menschen erkennen das Gefühl anderer Menschen durch Menschenkenntnis, Intuition und Empathie. Künstliche Intelligenz kann dieselbe Funktion erfüllen, indem sie Daten generiert – etwa durch Bilderkennungsprogramme die Laune eines Menschen erkennen kann. Wie jeweils die Laune erkannt wird, ist unterschiedlich. Gleich ist nur, dass sie erkannt wird. Dazu müssen Computer nicht mitfühlen, um die Laune eines Menschen zu registrieren. Doch was bedeutet es ethisch, wenn künstliche Wesen äquivalente Erkenntnisse zu menschlichen Wahrnehmungsfunktionen generieren?

1.2 Die Themen einer Ethik der Robotik

Folgende ethische Probleme sollen in diesem Buch aus unterschiedlichen Perspektiven behandelt werden:

1. Sind Roboter oder Maschinen mit KI Subjekte oder können sie es jemals sein? Ich werde Argumente vorstellen, warum grundsätzliche Zweifel dagegensprechen.

2. Dürfen intelligente Maschinen denselben Status bekommen wie Menschen? In Japan hat es schon Fälle gegeben, in denen Menschen Roboter geheiratet haben. Aber haben Roboter damit auch das Recht, sich scheiden zu lassen? Allgemeiner: Haben Roboter dieselben Rechte wie Menschen? Vielleicht werden sie keine Subjekte werden und sich nie als verletzbare Wesen empfinden. Aber sie sind ja schon heute in vielen Fällen intelligenter als Menschen. Denken wir daran, dass wir unsere menschliche Höherstellung gegenüber Tieren meistens damit begründen, dass wir intelligenter sind. Müssten dann nicht auch intelligente Maschinen, die uns ähnlich sind oder sogar übertreffen, dieselbe Würde haben oder vielleicht sogar eine höhere? Tierrechtler argumentieren umgekehrt: Nicht die Intelligenz soll über den moralischen Status entscheiden, sondern die Empfindungsfähigkeit.[8] Wenn das so ist, dann würden Maschinen keine Menschenrechte verdienen – allerdings müsste dann Tieren die Rechte moralischer Subjekte zuerkannt werden. Die

---

8   G.L. Francione: Empfindungsfähigkeit, ernst genommen, 154.

Robotik stellt damit den moralischen Status des Menschen so oder so in Frage. Dieses Buch will darauf Antworten geben.

3. Nehmen Maschinen uns Arbeit weg? Könnte die Robotik zur Zerstörung der Lohnarbeit führen? Und was bedeutet das ethisch? Ist das eine Gefahr oder eine Chance? Man könnte ja argumentieren, dass eine vollkommen automatisierte Produktion nicht nur die Lohnarbeit abschafft, „da allein das Kapital arbeitet"[9], sondern auch das Privateigentum an den Produktionsmitteln. Roboter gehören dann nicht mehr Privatpersonen, sondern sind Allgemeineigentum. Dann generieren Roboter Güter für alle und befreien den Menschen. Der kommunistische Traum von der Befreiung des Menschen zur geistigen Arbeit in Muße[10] könnte Wirklichkeit werden.

4. Umgekehrt aber könnte künstliche Hyper-Intelligenz dem Menschen seinen Lebensraum wegnehmen. Warum nämlich sollten künstlich intelligente Maschinen auf die Lebensräume des Menschen Rücksicht nehmen, wenn er doch ihnen unterlegen ist? Wäre es denn eine intelligente Entscheidung, Menschen auf der Erde leben zu lassen, die für globale Ungerechtigkeit, Kriege und Umweltzerstörung verantwortlich ist, die den Erdball gefährden? Das ist keine Science Fiction: Dass Menschen durch Algorithmen manipulierbar sind, hat sich etwa beim US-Präsidentschaftswahlkampf 2016 angedeutet. Die Firma Cambridge Analytica hat Daten von Facebook-Mitgliedern gekauft und damit persönlich angepasste Wahlwerbung für Donald Trump geschaltet. Dabei haben Algorithmen die persönlichen Profile der Nutzer ausgewertet und sie auf ihre Vorlieben angesprochen. Die Wahlwerbung war also höchst individualisiert. Die Werbung ging aber nicht von Menschen aus, sondern von Computerprogrammen. Inwieweit Trump dadurch die Wahl gewonnen hat, lässt sich zwar nicht abschließend auswerten. Fakt ist aber, dass Wahlwerbung sich zunehmend künstlich verselbstständigt und dadurch asymmetrisch wird: Die Geworbenen sind auf ihre Bedürfnisse ansprechbar, die Werber dagegen nicht – weil sie keine Bedürfnisse haben. Sie sind ja keine Subjekte.

---

9 Th. Piketty: Das Kapital im 21. Jahrhundert, 288.
10 K. Marx: Das Kapital, 828. E. Bloch: Das Prinzip Hoffnung Bd. 2, 1083.

1.3 Definitionen

Wir hantieren mit den Begriffen „Künstliche Intelligenz" und „Roboter", als seien sie selbstverständlich. Das ist aber nicht der Fall. Unsere Intuitionen von den Grundbegriffen dieses Buches weichen ab von den Bedeutungen, die Wissenschaftler ihnen geben. Dazu kommt, dass es auch im Fachdiskurs keinen Konsens über die Bedeutungen dieser Begriffe gibt. Daher werde ich in diesem einleitenden Kapitel die Bedeutungen dieser Begriffe erklären, wie sie für dieses Buch zugrunde gelegt werden.

1.3.1 Roboter

„Robotik" ist die wissenschaftliche Beschäftigung mit Robotern. Dabei handelt es sich um ein interdisziplinäres Forschungsfeld: Sowohl Maschinenbauer, Informatiker beschäftigen sich damit wie auch die Wissenschaften, die sich mit der Anwendung von Robotern beschäftigen (Wirtschaftswissenschaften, Medizin, Politikwissenschaft) und schließlich die Ethik (Philosophie, Theologie). Daneben forschen auch Meta-Disziplinen an der Rede von Robotik (Linguistik, Ethnologie).

Doch was sind eigentlich Roboter? Interessant ist, dass es keinen allgemeingültigen Begriff von Robotern gibt. Anscheinend hängt eine Definition bereits von der wissenschaftlichen Zugangsweise ab. Schon in der Frage herrscht eine Uneindeutigkeit, ob die typische Beschreibung von Robotern deskriptiv ist oder eine moralische Wahrnehmungsweise voraussetzt. Isaac Asimov[11] hat schon vor Jahrzehnten drei berühmte ethische Grundgesetze zur Robotik vorgelegt, weil er vor allem gesehen hat, dass sie Maschinen sind, die in menschliche Lebenswelten eindringen, ohne selbst verletzbare Wesen zu sein. Ein Roboter kann dann bereits ein Automat sein.

Roboter sind Automaten, aber nicht alle Automaten sind Roboter. Irgendwas kommt noch dazu. Aber anscheinend ist es eher ein Bündel von Eigenschaften, das Roboter ausmacht, von denen sie aber nicht alle Eigenschaften haben müssen:

---

11 I. Asimov: Ich, der Robot, 37.

1. Manche Roboter sind mit künstlicher Intelligenz ausgestattet, aber nicht alle.
2. Manche haben menschenähnliche Züge (sogenannte Humanoide oder Androide), aber nicht alle.
3. Manche sind beweglich, andere sind fest an einen Ort installiert (zum Beispiel in einer Maschinenhalle eines Autoherstellers).
4. Schließlich wird eine Definition durch den Umstand erschwert, dass es auch Roboter-Attrappen gibt (Spielzeug, Fiktionen aus Theater und Film), die so aussehen, wie man sich Roboter vorstellt. Der Segensroboter BlessU-2 ist nach meinem Eindruck kein Roboter. Aber er sieht so aus – nicht wie ein Roboter, aber so wie sich viele Menschen einen Roboter vorstellen. Genauso musste ich einmal für einen Fernseh-Beitrag einen Spieleroboter aufziehen, der dann über eine Plattform lief. Das war irgendwie lächerlich und gab vor allem die Vorstellungswelt des Journalisten wieder.

In wissenschaftlichen Diskursen kehren jedoch immer wieder ähnliche Merkmale wieder, die einen Roboter auszeichnen:[12]

1. Er ist ein Körper, der automatisch auch Körperbewegungen ausführt. Im Gegensatz dazu ist ein Computer zwar auch ein materielles Ding, das allerdings unbeweglich ist, weil seine entscheidende Fähigkeit seine Rechenleistung ist, die für unterschiedliche Programme eingesetzt wird.
2. Der Roboter kann automatisch Informationen aus seiner nächsten Umgebung generieren und darauf reagieren. In der Regel sorgen Sensoren dafür. Aber nicht alles, was einen Sensor hat, ist ein Roboter. Ein sensorischer Türöffner, eine Bedarfsampel oder eine Lichtschranke können mit ihrer Sensortechnik nur eine einzige Funktion ausführen. Ein Roboter dagegen kann auf multiple Weise mit seiner räumlich nahen Umwelt in Kontakt treten. Er kann Orte finden oder Gegenstände suchen. BlessU-2 hat zwar einige Sensoren an seinen Armen, aber nur für eine einzige Funktion: Er soll die gesegnete Person nicht schlagen. Dafür kann er

---

12 Zu den Kennzeichen von Robotern s. A. Foerst: Von Robotern, Mensch und Gott, 20. A. Henschke: The Internet of Things and Dual Layers of Ethical Concern, 232. L. Kahn: Military Robots and the Likelihood of Armed Combat, 275. Ferner B. Irrgang: Posthumanes Menschsein? 26.

rechtzeitig stoppen, wenn ein Hindernis in seiner Bewegungsrichtung auftaucht. Mehr kann seine Sensorik nicht leisten. Er kann zum Beispiel nicht unterscheiden, ob die zu segnende Person groß oder klein ist oder wo sich ihr Kopf befindet. Eine Handauflegung wäre hier höchst zufällig.

3. Der Umweltkontakt des Roboters hat Effekte auf die räumliche Umwelt. Es wird also durch seine Prozesse im Raum irgendetwas verändert. Briefträgerroboter bringen Post von einem zu einem anderen Ort genauso wie Lagerroboter Güter automatisch transportieren. Medizinroboter können Operationen durchführen und Pflegeroboter Patienten waschen.

4. Der Roboterautomatismus verdankt sich einem Computerprogramm, das in ihm steckt. Er ist also ein Computer oder hat Computer-Anteile. Dazu muss er keine Speicherkapazitäten haben: Nicht alle Roboter können ihre Informationen speichern und „erinnern", sie müssen nicht lernfähig sein oder mit Sprachassistenzprogrammen ausgestattet sein. Aber nach irgendeinem Computerprogramm funktionieren sie doch.

1.3.2 Intelligenz

Interessanterweise ist der Begriff der Intelligenz ähnlich unscharf[13] wie der des Roboters. Intelligenz ist etwas anderes als gespeichertes Wissen. Datenbanken enthalten einen enormen Wissensvorrat, ohne dass sie dazu Intelligenz aufbringen müssen. Auch angeborenes Wissen von Lebewesen (zum Beispiel wie man atmet) ist nicht von Intelligenz abhängig. Intelligenz scheint weniger einen Zustand zu beschreiben als vielmehr einen Prozess. Das zeigt sich unter anderem darin, dass sich der Intelligenzquotient im Lauf eines Lebens erhöhen oder verringern kann. Intelligenz ist zwar ein Zustand, aber er tritt nur zusammen mit einem Prozess auf: Ein Wesen *ist* intelligent, indem es sich intelligent *verhält*.

Manche Autoren verstehen unter Intelligenz bereits sehr allgemein ein Verhalten zum Überleben.[14] Diese Definition ist entweder zu stark oder zu schwach. Sie ist zu stark, wenn sie Leben voraussetzt. Dann ist Künstliche

---

13 O. Güntürkün: Intelligenz ohne Cortex, 87. F. Dittmann: Mensch und Roboter – ein ungleiches Paar, 27.
14 F. Dittmann: Mensch und Roboter, 37.

Intelligenz ein Widerspruch, weil sie ja nicht lebt. Dagegen ist sie zu schwach, wenn „Überleben" einfach nur meint, dass etwas sich so verhält, dass es nicht zerstört wird. Auch leblose Gegenstände könnten sich somit so verhalten, dass sie überleben. Eine Fahnenstange biegt leicht bei Wind, damit sie nicht bricht. Dennoch würden wir nicht von ihr sagen, dass sie intelligent ist.

Die Intelligenzforscherin Elsbeth Stern versteht unter Intelligenz die Fähigkeit von kognitiven Systemen, Sachverhalte aufzufassen und zu deuten, also in Zusammenhang mit anderen Sachverhalten zu bringen.[15] So kommen unsere Hühner zu Hause immer angelaufen, wenn jemand von uns die Gartentür aufschließt. Das Geräusch der Gartentür wird von den Hühnern vermutlich so gedeutet, dass sie von uns etwas zu Fressen bekommen. Zwischen dem Sachverhalt des Türgeräuschs und ihrer Erwartung besteht kein natürlicher Zusammenhang. Denn in vielen Fällen öffnen wir die Tür auch aus anderen Gründen. Aber die Hühner bilden einen Zusammenhang. Ihr Verhalten ist auch dann intelligent, wenn sie sich in den meisten Fällen täuschen und wir meistens aus anderen Gründen die Tür öffnen.

Diese Fähigkeit, Zusammenhänge herstellen zu können, ist nicht von irgendwelchen biologischen Eigenschaften abhängig. Tatsächlich zeigen bereits Lebewesen unterschiedliche biologische Ausstattungen für Intelligenz.[16] Und selbst bei biologischen Gattungen scheint es keine Bedingung für Intelligenz zu sein, Bewusstsein zu haben. Darum ist Hararis Beobachtung auch nichts Neues, dass sich Künstliche Intelligenz von Bewusstsein abkoppele.[17] Dennoch soll in einem nächsten Schritt kurz dargestellt werden, wie Künstliche Intelligenz funktioniert.

1.3.3 Künstliche Intelligenz

Nicht jeder Prozess eines Computers ist schon Intelligenz. Wenn Sie Ihr Handy dadurch entsperren, dass der Computer Ihren Fingerabdruck erkennt, muss er dazu keine intelligente Operation ausführen. Er reidentifiziert einfach nur die Information, die ihm einprogrammiert worden ist.

---

15 Vgl. E. Stern/A. Neubauer: Intelligenz – Große Unterschiede und ihre Folgen, 48.
16 O. Güntürkün: Intelligenz ohne Cortex, 87. E. Kaeser: Artfremde Subjekte, 41.
17 Y. Harari: Homo Deus, 361.

Ebenso ist es mit Bilderkennungsprogrammen: Heute schon können Computerkameras erkennen, ob Sie müde sind oder munter, ob Sie alkoholisiert sind oder nüchtern, ja sogar ob Sie sympathisch sind oder nicht. Auch Lügen kann der Computer am Gesichtsausdruck erkennen. Dazu muss der Computer aber nicht intelligent sein. Das einzige, was er auswertet, ist eine Identifikation bereits verfügbarer Informationen: Die Computerprogrammierer haben tausende, vielleicht Millionen von Gesichtern in den Computer eingescannt und mit einem Wert belegt, wie eine traurige Person aussieht, eine sympathische und eine Lügnerin. Die typischen Merkmale im Gesichtsausdruck werden beim nächsten Scan einfach nur überprüft. Und schon hat das gescannte Gesicht einen Informationswert.

Intelligent wird eine Maschine, wenn sie neue Zusammenhänge bildet. Kein neuer Zusammenhang ist es, wenn der Computer Ihr Gesicht jetzt auch zu den sympathischen Gesichtern dazuzählt. Das ist zwar (für den Computer) eine neue Information, aber kein neuer Zusammenhang. Neu wird der Zusammenhang etwa, wenn der Computer erkennt, dass sympathische Menschen nicht lügen oder dass sie fröhlich sind. Vielleicht würde ein intelligenter Computer sogar erkennen können, dass sympathische Menschen eher katholisch sind oder SPD wählen. Den neuen Zusammenhängen sind grundsätzlich keine Grenzen gesetzt.

Intelligenz ist übrigens auch unabhängig davon, dass man seine Zusammenhänge fehlerlos herstellt. Intelligente Menschen machen immer wieder Fehler, aus denen sie aber lernen. Die Fehlerquote auf einem Wissensgebiet wird dann minimiert, bis aus dem gesicherten Wissen neue Zusammenhänge gebildet werden können, die man vermutlich auch zunächst so erschließt, dass man Fehler macht. Diese Operation wird durch KI in nicht mehr nachvollziehbarer Geschwindigkeit optimiert. Ein intelligentes Schachprogramm muss zunächst nur die Regeln kennen und spielt dann permanent alle möglichen Spielvarianten allein durch, bis es die stärkeren Spielzüge findet. Die Zusammenhänge zu den stärkeren Spielzügen bildet das Programm von allein.

Das einzige, was das Programm macht, ist, Statistiken zu entwerfen und damit Wahrscheinlichkeiten für den Erfolg abzuschätzen. Dabei folgt das Programm blind einer Regel, wie die Statistik entwickelt wird – einem sogenannten „Algorithmus". Ein Algorithmus ist eine Regel, die rein mechanisch angewendet wird und wofür es daher auch keine Intelligenz braucht, die sie anwendet. Deshalb kann man einen Algorithmus auch eine „mechanische Prozedur"[18] nennen.

Ein Beispiel: Sie haben einen automatischen Rasenmäher. Woher weiß der Rasenmäher, was Gras ist und was Blumen, die er besser nicht abmähen sollte? Wie erkennt der Rasenmäher, wo er entlangfahren soll? Die Antwort heißt, dass der Rasenmäher dazu gar nichts wissen muss, da er lediglich einen Mechanismus ausführt. Der Mechanismus könnte etwa so aussehen:

1. Fahre geradeaus.
2. Befindet sich ein nicht-grünes Hindernis mindestens zwei Zentimeter vor dir, weiche zurück.
3. Wenn du zurückweichst, drehe die Räder nach links und fahre weiter.

Was geradeaus, links und ein nicht-grünes Hindernis ist, könnte dem Computer einprogrammiert werden, ohne dass er ihre Bedeutung verstehen muss. Mit diesem Mechanismus jedoch fährt der Rasenmäher stundenlang über die Wiese. Er muss nicht einmal aufhören, bis sie fertig gemäht ist, sondern führt dann den Mechanismus sinnlos weiter aus.

Immer wieder wird behauptet, menschliche Intelligenz oder sogar das Leben sei selbst algorithmisch.[19] Der Philosoph Tim Crane hat dagegen eingewandt, dass man unterscheiden muss, dass menschliche Intelligenz durch Algorithmen simuliert werden kann und dass sie selbst aus Algorithmen bestehe.[20] Intuitive Einfälle lassen sich zwar auch simulieren, aber sie selbst entstehen ohne eine Rechenleistung. Es gilt eben, dass verschiedene Wesen unterschiedliche Formen von Intelligenz ausprägen. Es gibt Formen bewusster Intelligenz (wie beim Menschen und bei manchen Tieren), aber auch von bewusstloser Intelligenz. Ein Mechanismus kann völlig bewusstlos ausgeführt werden, obwohl er bewusste Intelligenz simuliert.

1.3.4 Digitalisierung

Bestimmt ist die Speicherung von Daten in digitale Formate eine Voraussetzung neuer Medien und neuer Informationstechnologien, so dass dieser Trend mit „Digitalisierung" umfasst wird. Gleichwohl ist für mich fraglich,

---

18 T. Crane: The Mechanical Mind, 87.
19 Y. Harari: Homo Deus, 100f, vgl. 452. E. Kaeser: Artfremde Subjekte, 116.
20 T. Crane: The Mechanical Mind, 103f.

ob der Begriff dem Phänomen und der ethischen Herausforderung gerecht wird. Denn sofern er suggeriert, dass die Wirklichkeit „digitalisiert" wird, wird hier ein Zerrbild konstruiert. Das liegt daran, dass die Digitalisierung neue Produkte entwirft, die nicht digital sind, sondern plastisch. Man denke etwa an die Produkte von 3D-Druckern, aber auch an Anwendungen wie autonom fahrende Autos oder Pflegeroboter.

Diese Beobachtung wird dadurch bestätigt, dass „Digitalisierung" ein interdisziplinäres Projekt ist, das also nicht nur Informatiker oder Computer-Hardware-Spezialisten bearbeiten. Vielmehr beschäftigen sich auch Geisteswissenschaften damit, etwa wenn es um die rechtliche Frage des Datenschutzes geht, um ökonomische Praktiken des Börsenhandels oder wenn philosophisch die Realität digitaler Konstrukte diskutiert wird. Allerdings kann dadurch, dass sich viele Wissenschaften mit der Digitalisierung beschäftigen, der Eindruck entstehen, sie verändere die soziale Welt fundamental oder sogar total. Entsprechend entstehen apokalyptische Szenarien des „Super-" oder „Posthumanismus", der Vorstellung also, die Digitalisierung könne superintelligente Netzwerke hervorbringen, die dem Menschen überlegen seien. Diese Szenarien können eine positive oder negative Gestalt annehmen: Einerseits kommt die Befürchtung auf, superintelligente künstliche Wesen könnten den Menschen abschaffen oder versklaven. Andererseits werden Vorstellungen genährt, der Mensch könne seinen biologischen Tod überleben, indem er die Informationen, die in seinem Gehirn „abgelegt" sind, digitalisiert.

Diese Total-Szenarien entsprechen der undifferenzierten Verwendung des Begriffs „Digitalisierung".

Die sozialen und ethischen Probleme sind nicht einheitlicher Art, nur weil sie die digitale Technik voraussetzen. Unter dem Begriff der Digitalisierung werden so unterschiedliche Themen diskutiert wie etwa virtuelle Welten, Datenschutz und Eigentumsrechte angesichts einer hohen Datenmenge (Big Data), Verantwortungsfähigkeit Künstlicher Intelligenz oder die Delegation sozialer Verantwortung an Roboter. Zwar setzen alle diese Probleme die Technik der Speicherung von Informationen in digitale Formate voraus. Allerdings würde man die spezifischen Herausforderungen unterschlagen, wenn man diese Probleme einem Phänomen zuordnet: Die Schöpfungen virtueller Welten können im virtuellen Raum (Cyberspace) verbleiben; Robotik dagegen zielt auf Veränderungen der „analogen" Welt. Es wäre bereits eine wissenschaftsethische Reduktion, wollte man die ethischen Probleme auf das digitale Verarbeitungsverfahren reduzieren. Denn damit würde man auch Ethik auf Technik reduzieren. Etwa in Catrin Misselhorns Maschinenethik zeigt sich ein Trend der Rückführung philosophisch-ethischer Themen auf digitaltechnische Möglichkeiten: Die Skepsis, die Misselhorn etwa in der Frage der moralischen Verantwortungsfähigkeit von Robotern äußert, beruht vor allem auf den einstweiligen mangelhaften Operationalisierungstechniken moralischer Bewertungen.[21] Ebenso bestimmt Misselhorn gelegentlich Differenzen moralischer Begriffe nicht begrifflich, sondern technisch.[22] Hier deutet sich an, dass die Zusammenfassung der vielfältigen Phänomene in einem Begriff „Digitalisierung" eher zum Symptom des ethischen Problems gehört als die Problemstellung angemessen zu beschreiben hilft.

Die *Ergebnisse* von „Digitalisierung" sind also nicht immer digital. Die *Abläufe* hingegen, die zum Ergebnis führen, folgen einem Trend der Automatisierung. Aber auch das muss nicht immer der Fall sein: Zur Digitalisierung gehören interaktive Apps, in denen nicht nur Menschen mit Menschen kommunizieren (Messenger), sondern auch Menschen mit Maschinen. Wenn Menschen mit Menschen über einen Messenger kommunizieren, sind die Kommunikationsabläufe nicht automatisiert und sollen auch nicht automatisiert werden. Zwar nutzen die Kommunikationspartner etwa auf Whatsapp ein digitales Format, das automatisch bestimmte Berührungen auf dem Touchscreen in die passenden Zeichen übersetzt. Dennoch wäre eine vollautomatische Kommunikation nicht wünschenswert, weil dann nicht die beiden Menschen miteinander kommunizieren könnten, sondern eine Maschine mit einer anderen. In diesem Fall zielt „Digitalisierung" also nicht auf eine Automatisierung von Kommunikation, sondern soll Menschen helfen, spontane Äußerungen zu versenden.

Auch die Kommunikation zwischen Mensch und Maschine hat zwar automatische Elemente, besteht aber nicht völlig aus automatischen Abläufen. Wenn die Nutzerin eine sogenannte „Smart Watch" trägt, eine Armbanduhr also, die ihre Schritte oder ihren täglichen Kalorienverbrauch automatisch zählt, so folgt das menschliche Verhalten immer noch keiner Automatik,

---

21 Zum Beispiel C. Misselhorn: Grundfragen der Maschinenethik, 124f, 148f.
22 AaO, 186.

wie die Nutzerin darauf reagiert. Zwar mag jemand einwenden, dass automatische Beobachtersysteme zur Selbstmaschinisierung und technischen Selbstperfektionierung des Menschen führen kann, weil die Nutzerin sich durch die Information auf der Smart Watch gezwungen sieht, heute noch 2000 Schritte gehen zu müssen, damit sie ihr Ziel der 10 000 Schritte erreicht. Dennoch wird das Verhalten der Nutzerin *nicht digital* determiniert. Zwischen der automatisch generierten Information der Schrittzahl und der Entscheidung der Nutzerin, heute noch einen Spaziergang zu machen, besteht eine kausale Lücke, die nicht durch die Smart Watch geschlossen wird, sondern allenfalls durch die Nutzerin – jedenfalls dann, wenn sie ihr Verhalten auf die Smart Watch zurückführt: „Ich musste noch 2000 Schritte gehen, weil die Smart Watch erst 8000 angezeigt hatte." Auch der Spaziergang ist nicht digitalisiert und soll es auch nicht werden.

Der Einwand, dass sich Menschen selbst zur Maschine machen, wenn sie digital generierte Informationen als Befehl für ihr Verhalten auslegen, zeigt aber, dass das ethische Problem hier nicht in der Digitalisierung liegt. Digitale Formate sind nur eine Voraussetzung des ethischen Themas; automatisierte Abläufe sind nur teilweise gegeben und erklären nicht die volle Bedeutung der ethischen Einwände gegen solche Techniken. Es ist daher auch nicht so, dass sich eine Ethik der Digitalisierung nur auf diejenigen Abläufe bezieht, die automatisiert sind.

Für die Robotik mögen *manche* ethischen Themen damit zu tun haben, dass ihre Abläufe mit Hilfe digitaler Formate automatisiert sind. Das trifft aber nicht auf die Ethik der Robotik insgesamt zu. Ob man Kriegsroboter einsetzen darf, ist unabhängig von der digitalen Technik. Nehmen wir an, wir könnten einen Roboter bauen, der ein biologisches Gehirn hat, das nicht-determinierte Entscheidungen treffen kann. Aber er verfügt über einen mechanischen Körper, dessen Bewegungsabläufe stark reduziert sind und der ihm nur kriegerische Verhaltensweisen ermöglicht, so dass er auf einen Input aus der Umwelt nur mit Gewalt oder Pausierung antworten kann. In diesem Fall erhält der Roboter keine digitalisierten Befehle vom Gehirn zu töten. Vielmehr sind seine Handlungsfähigkeiten so stark eingeschränkt, dass er selbst mit seinem nicht-determinierten Gehirn in seinem Verhalten determiniert ist. Setzt man ihn nun einer Kriegssituation aus, wird er sich „automatisch" kampfstrategisch verhalten, allein um sich zu retten. Nichts an seinem Körper ist digital. Trotzdem stellt sich die ethische Frage, ob man Kriegsroboter einsetzen darf.

Man kann sich zudem Roboter vorstellen, die rein mechanisch funktionieren, ohne dass dies die Ethik der Robotik überflüssig macht. In diesem Fall sind die Abläufe zwar automatisiert, aber nicht digital organisiert. Schließlich muss auch KI von beidem nicht abhängen, weder von automatisierten Abläufen noch von digitalen Formaten. Zumindest für die Ethik der KI sind diese Voraussetzungen entbehrlich: In diesem Buch werde ich die Frage diskutieren, ob KI Subjektivität ausbilden kann. Wenn sie das kann, dann nicht, weil sie digital organisiert ist. Menschliches Lernen folgt zumindest nicht denselben, auf Big Data gestützten, Prozessen.[23] Vielmehr wird ihr subjektives Erleben dabei beteiligt, und zwar „spontan", ohne dass automatische Abläufe dieses Erleben determinieren. Wenn Dasselbe auch auf KI zutreffen soll, wird sie sich von digitalen Voraussetzungen emanzipieren müssen, um Subjektivität auszubilden.

Ich werde daher in diesem Buch den Begriff der Digitalisierung möglichst sparsam verwenden, und dies auch nur, wenn die technische Seite digitaler Formate für die Abläufe künstlich intelligenter Prozesse oder von Robotervollzügen von Belang sind. Die Gefahr der Pauschalisierung ethischer Beurteilungen oder die Verwischung phänomenaler und begrifflicher Konturen sollte beachtet werden, wenn man diesen Begriff verwendet.

---

23 AaO, 24.

2. Mensch, Tier und Künstliche Intelligenz

Zu Beginn der vorliegenden Untersuchung möchte ich kurz skizzieren, was aus theologischer Perspektive den Menschen kennzeichnet. Dabei wird er bereits mit künstlichen Wesen, aber auch mit anderen Lebewesen verglichen. Ich möchte zeigen, dass es nicht etwa Eigenschaften sind, die den Menschen prägen, so dass man einfach nur diese Eigenschaften „nachbauen" müsste, um auch künstlichen Wesen einen menschlichen Status zuzuerkennen. Vielmehr bedarf es zur Bestimmung des Menschen anderer Kategorien, und zwar solcher, die die Theologie an der Rede von Gott rekonstruiert hat. In den nachfolgenden Kapiteln wird es dann darum gehen zu untersuchen, ob auch Wesen der KI oder der Robotik mit Hilfe dieser Kategorien bestimmt werden können.

2.1 Wer oder was?

So intuitiv wir Menschen richtig identifizieren können, so schwer ist es, geeignete Identifikationskriterien dafür anzugeben. Die Wer-Frage („Wer ist der Mensch?", die Frage der Identifikation) scheint mit der Was-Frage („Was ist der Mensch?", die Frage seines Wesens) stärker verknüpft zu sein, als einem lieb ist: Ob wir es bei einer bestimmten Begegnung wirklich mit einem Menschen zu tun haben, scheint sich nicht ohne wissenschaftliche Erkenntnisse herausfinden zu lassen. Umgekehrt bedarf die wissenschaftliche Erforschung des Menschen einer vor-wissenschaftlichen Bezugnahme auf die Alltagsbedeutung des Begriffes „Mensch", denn Wissenschaft muss den Menschen erst „instinktiv"[24] entdecken, bevor sie ihn beschreibt.

Entsprechend dieser logischen Probleme hat man schon immer auch praktische Probleme mit der Wer-Frage gehabt. Und sie verschärfen sich im biotechnologischen Zeitalter. Die Abgrenzung zum Menschen liegt dabei beim Unmenschen, Noch-nicht-Menschen, Nicht-mehr-Menschen oder Halb-Menschen und sogar Unter-Menschen. Es gibt Exemplare der Gattung Mensch, die zugleich als Unmenschen tituliert werden. Hier handelt es sich

---

24 Ch.S. Peirce: Vorlesungen über Pragmatismus, 116. H. Deuser: Religion: Kosmologie und Evolution, 113.

um einen normativen Begriff, der deskriptiv voraussetzt, dass der Unmensch ein Mensch ist. Nur Menschen können Unmenschen sein. Niemand zweifelt daran, dass Adolf Hitler ein Exemplar der Gattung Mensch gewesen ist. Zugleich wird er allgemein (außer von Nazis) für einen der größten Unmenschen der Geschichte gehalten. Diese Bezeichnung nimmt eine normative Abgrenzung innerhalb der menschlichen Gattung vor, die normativ verschiedene Folgen haben kann: Dürfen etwa – wie es die CIA nach dem 11. September praktiziert hat – Unmenschen gefoltert, hingerichtet und damit aus der Menschenfamilie ausgestoßen werden?

Aber auch deskriptive Abgrenzungen variieren schon immer in der Wer-Frage, was jedoch ebenso normative Konsequenzen hat. Hatte die Vergangenheit soziale, rassistische oder auch geschlechtliche Abgrenzungen vorgenommen, um damit Herrschaft und Gewalt zu rechtfertigen, so diskutiert die Ethik der Gegenwart eher mit einem umgekehrten Interesse die Fragen der Inklusivität, wer also *schon* oder *noch* dazugehört: Die Frage, ob der Embryo *schon* ein Mensch ist, setzt in ihrer Schärfe die Möglichkeiten der Reproduktions-, Pränatalmedizin und der technologischen Gynäkologie voraus. Ebenso wird die Frage, ob ein Koma-Patient noch ein (lebender) Mensch ist, erst durch die rasante Entwicklung der Intensivmedizin virulent, die Patienten über Jahre ohne Eigenaktivität am „Leben" halten kann. Zwar könnte man einwenden, in diesem Fall werde keine Differenz zwischen Mensch und Nicht-Mensch gezogen, sondern zwischen lebendem und totem Mensch. Die Alltagssprache und auch die Alltagspraxis äußert sich aber oft anders, etwa wenn Angehörige eines Koma-Patienten darauf drängen, die Apparate abzuschalten, weil er „kein Mensch mehr" sei oder seine Menschenwürde verloren habe.[25] Die Verzweiflung, die Menschen in solchen Fällen aber äußern, belegt zumindest, dass die Abgrenzung zwischen Mensch und Nicht-Mensch unscharf wird: Wenn ein Koma-Patient einerseits „kein Mensch mehr" ist, aber andererseits um *seinetwillen* auch nicht wie eine Sache behandelt werden soll, so scheint er sich in einem Zwischenzustand zwischen Mensch und Sache zu befinden.[26]

---

25 L. Ohly: Sterbehilfe: Menschenwürde zwischen Himmel und Erde, 42.
26 Ebd.

Solche Zwischenzustände werden inzwischen auch komplementär erzeugt, nämlich durch die Computer- und Ingenieurswissenschaften. Zwar sind Computer keine Menschen, aber ihnen in vielen Hinsichten der menschlichen Intelligenz überlegen. Inzwischen können sie sogar sprachliche Konversationen führen, die einem zwischenmenschlichen Gespräch zumindest nahe kommen. Bereits in den 1970er Jahren hat Joseph Weizenbaum das Computerprogramm ELIZA entwickelt, das einen Psychotherapeuten simuliert. Obwohl dieses Programm noch über viele Schwächen verfügt hat und sich kommunikativ leicht austricksen ließ, war Weizenbaum über die Wirkung bei seinen Studierenden verblüfft: Nachdem er sie über die technischen Hintergründe aufgeklärt hatte und sie erfuhren, dass ELIZA natürlich nicht denken könne, sondern nur einprogrammierte sprachliche Versatzstücke kombiniere, durften die Studierenden einige Selbsttests an ELIZA vornehmen. Dabei hatten diese Studierenden eine gesteigerte Lust an ELIZA gewonnen. Etliche äußerten sogar den Wunsch, mit ELIZA allein reden zu dürfen, um vertrauliche Themen mit ihr zu besprechen.[27] Inzwischen wurden Nachfolgeprogramme so stark weiterentwickelt, dass der Unterschied zu einer zwischenmenschlichen sprachlichen Kommunikation immer schwerer wahrgenommen werden kann. Seit 2014 gilt der sogenannte Turing-Test als „offiziell bestanden"[28], der Test also, in dem Versuchspersonen nicht unterscheiden können, ob es sich bei ihren verdeckten Gesprächspartnern um Menschen oder Computer handelt.[29]

Man mag noch einräumen, dass die sprachliche Kommunikation mit Computern oder sogar die zwischenleibliche Kommunikation mit Robotern die künstlichen Wesen als „nicht-permanente Subjekte"[30] und damit als Zwischenwesen zwischen Subjekt und Objekt, zwischen Person und Sache ausweist. Aber es ist gerade die Erzeugung solcher Zwischenbereiche durch die Biotechnologien und der verkörperten KI, die dem Menschen sein Profil nehmen und ihn stattdessen in fließende Übergänge stellt. Auf die Wer-Frage, die sich bislang intuitiv beantworten ließ, gibt es dann nicht nur keine

---

27 Sh. Turkle: Alone Together, 113.
28 J. Horstmann: Besteht Samantha den Turing-Test? 137.
29 Zur Kritik dieses nicht-repräsentativen Ergebnisses s. C. Misselhorn: Grundfragen der Maschinenethik, 31.
30 Chr. Scholtz: Alltag mit künstlichen Wesen, 293.

eindeutige Antwort im Hinblick auf die Grenzen. Es gibt vielmehr nicht einmal mehr Grenzen, sondern nur noch fließende Übergänge.

2.2 Martin Luthers Vorschlag und die Folgen

Aus diesen Gründen bewährt sich Luthers Beschreibung des Menschen auch noch in der Gegenwart. Zunächst äußert sich Luther in seiner „Disputatio de Homine" vernunftkritisch: Die Vernunft kann nicht den Menschen angemessen beschreiben, weil der Mensch Sünder ist und auch seine Vernunft von der Sünde mitbetroffen ist.[31] Daher kann nicht einmal vernünftig festgestellt werden, ob die Vernunft ein Kennzeichen des Menschen oder vielmehr des Unmenschen ist.[32] Eine solche Entscheidung wäre vielmehr logisch zirkulär und damit unvernünftig. Auf diese Weise weist Luther die Definition zurück, dass der Mensch „animal rationale" sei, vernünftiges Wesen. Genauer gesagt, muss sich Luther in dieser Frage enthalten, weil sie sich nicht vernünftig entscheiden lässt, und kann dadurch die Definition zurückweisen, weil er ihre Herleitung mit einer grundsätzlichen Skepsis belegt. Stattdessen müsste man hinter die Sünde zurückspringen können in einen paradiesischen Zustand.[33] Da dies aber dem Sünder nicht möglich ist, kann er die Vernunft nicht als Kennzeichen oder gar als Definiens des Menschen ausweisen.

Luthers Fundamentalkritik betrifft die Wer-Frage ebenso wie die Was-Frage. Die Vernunft kann keine der beiden Fragen beantworten. Die Konsequenz ist weitreichend: Denn dadurch können die Fragen nach dem Menschen weder durch den Menschen noch am Menschen selbst entschieden werden. Es bedarf vielmehr eines Umwegs, der sowohl die Erkenntnisbedingungen als auch die Wesensbedingungen des Menschen realisiert. Dass die Erkenntnisbedingungen des Menschen ihm von außen zukommen müssen, erklärt sich durch das Unvermögen des Menschen im Zustand der Sünde, zu erkennen, dass er sich angemessen erkennt. Nun bedeutet das aber nicht schon, dass diese Erkenntnisbedingungen auch wirklich realisiert sind. Es könnte ja auch sein, dass der Mensch

---

31 M. Luther: Disputatio de Homine, Thesen 24–26.
32 M. Luther: Disputatio de Homine, These 11.
33 „Ja, in eine solche unsägliche Blindheit und Jammer sind wir Menschen durch Adams Fall in die Sünde geführt." (M. Luther: Vom unfreien Willen, 94).

seiner Grundaporie grundsätzlich nicht entkommt. Wenn allerdings diese Erkenntnisbedingungen realisiert werden, so geschieht dies durch ein kontingentes Ereignis. Dieses Ereignis ist die göttliche Offenbarung der Rechtfertigung des Sünders allein aus Glauben.[34] Es handelt sich hierbei um die kontingente und biblisch bezeugte Glaubenserfahrung des Menschen[35] und damit um ein Geschehen, das den Mensch von einem Anderen her trifft, indem es seine Erkenntnis herstellt.

Dieses Ereignis betrifft daher auch die Wesensbedingungen des Menschen: Der Mensch *ist* gerechtfertigt durch Glauben. Dieses Offenbarungsereignis, das sein Sein kennzeichnet, manifestiert sich in seiner Glaubenserkenntnis. Ohne Rechtfertigung des Sünders allein aus Glauben keine Erkenntnis seines Wesens. Das Umgekehrte jedoch muss nicht der Fall sein. Die Glaubenserkenntnis ist hinreichende Bedingung seines Wesens, gerechtfertigt zu sein, nicht jedoch auch notwendige Bedingung.

Auf diese Weise lässt sich auch das Problem lösen, ob Nicht-Glaubende Menschen sind oder nicht. Denn wiederum darf man nicht den Fehler begehen, das Wesen des Menschen *im* Menschen zu finden *und dabei* vom ek-zentrischen[36] Wesen des Menschen abzusehen. Die Glaubenserkenntnis findet sich im Menschen nur, insofern sie von Gott gewirkt ist. Daher muss dieses Verhältnis miterfasst bleiben. In der Konsequenz heißt das, dass weder Erweckungsbekenntnisse belegen noch Selbsttitulierungen eines Ungläubigen widerlegen, dass jemand ein Mensch ist. Die Gemeinschaft der Gläubigen ist eine verborgene Gemeinschaft.[37]

2.3 Menschliche Eigenschaften und das Widerfahren des Menschen

In der evangelischen Theologie hat man die Unterscheidung zwischen Leib und Seele zu einer relativen Unterscheidung erhoben, die keine Trennung zwischen einer körperlichen und einer geistigen Entität impliziert. Dass

---

34 M. Luther: Disputatio de Homine, These 32.
35 I. U. Dalferth: Homo definiri nequit, 220.
36 E. Jüngel: Das Evangelium von der Rechtfertigung des Gottlosen als Zentrum des christlichen Glaubens, 110.
37 H. Deuser: Kleine Einführung in die Systematische Theologie, 166f. L. Ohly: Anwesenheit und Anerkennung, 104.

der Mensch eine leibseelische Einheit ist, bedeutet zugleich, dass die Seele kein Eigenleben gegenüber dem Leib führt und keine eigene ontologische Entität ist. Vielmehr kann man fragen, ob die Unterscheidung zwischen Seele und Leib überhaupt eine intelligente Differenz ist, also eine, die durch das menschliche Seelenvermögen konsequent aufrecht zu erhalten ist. Inzwischen regen sich aus dem Naturalismus starke Bedenken, wird doch das menschliche Ich als eine Perspektivenkonstruktion des Gehirns verstanden.[38] Systemtheorie, Künstliche Intelligenz-Forschung und Robotik[39] haben aufgezeigt, dass sich Intelligenz auf unterschiedliche Weise manifestieren kann und dabei sogar über individuelle kognitive Fähigkeiten einzelner Lebewesen hinausgeht (Schwarmintelligenz). Schließlich zeigt auch der Mensch selbst, dass er zur Förderung seiner Intelligenz auf technische Mittel zurückgreift und sich dabei zu einem Zwischenwesen aus Mensch und Maschine macht. Das Alltagsbeispiel ist die Omnipräsenz des Smartphones, das den Menschen navigiert, so dass er zwar rechtzeitig einem erhöhten Verkehrsaufkommen ausweichen, dabei seine Gesundheitswerte messen und zusätzlich kommunizieren kann, während er aber als Fußgänger zugleich gedankenversunken an die nächste Straßenlaterne stößt. Auch körperliche oder geistige Behinderungen sollen künftig durch die Verschränkung von Medizin und Informatik behoben werden, etwa wenn intelligente Prothesen Körperfunktionen übernehmen oder Menschen einen Neurochip in ihr Gehirn implantieren lassen können, mit dem ihre Demenz technisch aufgehalten oder sogar eine Sehbehinderung überwunden werden kann.[40] Bei solchen Entwicklungen wird zunehmend fraglich, wer das Subjekt ist, das bestimmte Handlungen ausführt. Oder muss man etwa auf den Subjekt-Begriff verzichten? Denn wenn der Mensch nicht Seele ist, wie kann er dann noch Leib sein? Ist er dann nicht vielmehr einfach nur Körper, der auf Impulse reagiert?[41]

---

38 R. Kirk: Wie ist Bewußtsein möglich? 657. E. Ruhnau: Zeit-Gestalt und Beobachter. Betrachtungen zum tertium datur des Bewußtseins, 209. T. Crane: The Mechanical Mind, 155. Th. Metzinger: Subjekt und Selbstmodell, 243.
39 A. Foerst: Von Robotern, Mensch und Gott 77ff.
40 B. Irrgang: Projektmedizin, 189.
41 L. Ohly: „Playing God", 80.

Ich habe daher an anderer Stelle[42] vorgeschlagen, anstelle der Unterscheidung zwischen Seele und Leib eine Differenz zwischen *Erleben* und *Erlebnissen* vorzunehmen. Menschen sind ontologisch keine Dinge, sondern Ereignisse. Für Ereignisse gilt im Unterschied zu Dingen, dass sie zu keinem Zeitpunkt vollständig existieren, weil sie zu keinem Zeitpunkt alle ihre Eigenschaften gleichzeitig realisiert haben.[43] Das bedeutet, dass Ereignisse unerkennbare Momente enthalten, in denen sich Eigenschaften erst ausprägen, ohne dass man erkennen könnte, *was* sich hier ausprägt oder wie. Ereignisse enthalten als solche Momente der Unbestimmtheit.

Ereignisse brauchen diese unerkennbaren Momente der Unbestimmtheit, damit sie sich ereignen können. Somit steckt also in Ereignissen, die wir erkennen können (ein Fußballspiel etwa oder eine Autofahrt), immer auch etwas Unerkennbares (Wird der Spieler flanken? Was befindet sich hinter der Kurve?). Dieses Unerkennbare beruht wiederum auf einer ontologischen Unbestimmtheit, die es überhaupt ermöglicht, dass sich etwas ereignen kann. Damit ist aber auch gesagt, dass Ereignisse sich nicht nur aus Eigenschaften zusammensetzen und nicht nur auf ihre Gegenständlichkeit zurückgeführt werden können. Wird die Gegenständlichkeit oder der Gehalt eines Ereignisses erlebt, so spreche ich von „Erlebnissen". Wird hingegen dieses unerkennbare Moment erlebt, so spreche ich vom „Erleben".

Dieses unerkennbare Moment des Erlebens ist nicht völlig unscheinbar. Man kann immerhin bemerken, dass es sich vollzieht. Denn ansonsten wäre man mit keinem Ereignis konfrontiert. Richten Menschen nun ihre Aufmerksamkeit auf dieses unerkennbare Moment des Ereignens, so beziehen sie sich dabei auf ihr Erleben – also darauf, dass ihnen etwas *widerfährt* und sie sich dabei selbst widerfahren. Während Erlebnisse einen weltimmanenten Gehalt haben, richtet sich das Erleben auf eine transzendente Seite: eben darauf, dass sich nicht nur etwas ereignet, sondern das Ereignis in seiner unerkennbaren Seite auftritt, sich offenbart.

---

42 L. Ohly: Können wir autonom unser Gehirn manipulieren, bis wir jemand anderes sind? 147–151. Ders.: Schöpfungstheologie und Schöpfungsethik, 88–93.
43 I.U. Dalferth: Existenz Gottes und christlicher Glaube, 136f. Ders.: Ereignis und Transzendenz, 477.

Sobald sich Menschen selbst in ihrem Erleben thematisieren, beziehen sie sich auch auf die transzendente Seite ihres eigenen Ereignens. Dabei richten sie ihre Aufmerksamkeit darauf, dass sie sich selbst teilweise unbekannt und entzogen sind. Das ist eine paradoxe Erfahrung, weil der Mensch in seiner Selbstgewissheit zugleich seiner Selbstentzogenheit gewiss wird.

Aussagen zum Erleben sprechen deshalb auf paradoxe Weise von den Erlebnisgehalten. Ich nenne nur ein Beispiel.[44] Sportler können nach einem Marathonlauf sagen: „Ich weiß jetzt erst, dass ich einen Körper habe." Natürlich wussten sie es schon vorher, denn um einen Marathonlauf laufen zu können, muss man sehr viel über seinen Körper wissen und ihn richtig zu bewegen verstehen. Aber wenn die Sportlerin jetzt erst weiß, dass sie einen Körper hat, bezieht sie sich auf den unbestimmten *Widerfahrenscharakter* des Körpers: Der Körper, den sie thematisiert, ist das unbestimmte Moment des Widerfahrens des Körpers, das erst im Rückblick erkannt worden ist. Damit *ist* auch der menschliche Körper nur, indem er *wird*. – Manche Sportler sprechen dann davon, dass sie während des Laufs eine religiöse Vision gehabt haben.

Diese Transformation des Leib-Seele-Verhältnisses hat den Vorteil, dass sie phänomenologisch evident ist und sich nicht naturalistisch dekonstruieren lässt. Der Naturalismus setzt an der Skepsis eines seelischen Aktivzentrums des Menschen an; er bezweifelt den freien Willen[45] oder die Existenz einer Zentralinstanz einer „Seele" oder eines Ich. Die phänomenologisch gewonnene Transformation zwischen Erleben und Erlebnis könnte all diese Dekonstruktionen getrost einräumen, ohne dass sich dadurch an dem Unterschied zwischen einer transzendenten und einer immanenten Konstitution des Menschen etwas ändert.[46] Zudem wird das Erleben nicht allein am Menschen aufgewiesen, sondern ebenfalls an einer Transzendierung des Menschen entdeckt, genauso wie schon Luther eine ek-zentrische Beschreibung des Menschen einem ontologischen Substanzdenken vorzog.

Der Widerfahrenscharakter des Ereignisses ist übrigens nicht mit dem Ereignis identisch, was man an folgendem Beispiel zeigen kann: Nehmen

---

44 L. Ohly: Warum Menschen von Gott reden, 27.
45 H.J. Markowitsch: Warum wir keinen freien Willen haben, 165.
46 L. Ohly: Schöpfungstheologie und Schöpfungsethik, 103f.

wir an, an einem Samstagmorgen, an dem wir ausschlafen können, wachen wir irgendwann von alleine auf. Dieses Moment, das sich hier „von alleine" vollzieht, lässt sich nicht genau datieren. Meistens liegen wir eine Weile bereits wach im Bett, bevor wir merken, dass wir wach sind. Wir haben also den Moment des Aufwachens verpasst. Erst rückwirkend hat sich dieses Moment für uns eingestellt. Zum Ereignis des Wachwerdens gehört also nicht nur der Gehalt, wach zu sein, aber auch nicht nur der Moment, an dem wir merken, dass wir wach sind. Vielmehr gehört beides für ein Ereignis zusammen, was wir gerade dadurch merken, dass wir schon länger wach gewesen sind, bevor wir gemerkt haben, dass wir wach sind. Hätten wir es nicht irgendwann gemerkt, wären wir allerdings nicht wirklich wach geworden. Daher erzeugt der Widerfahrenscharakter des Erwachens rückwirkend die Tatsache, dass wir schon länger wach gewesen sind. Es handelt sich um eine „retroaktive Kausalität"[47], um ein „Exzeß der Wirkung über die Ursache"[48].

Aber kann man diese phänomenologische Differenz wirklich nicht naturalistisch überbrücken? Nehmen wir an, eine Kamera nimmt die schlafende Person auf und kann den Moment an ihrem Verhalten genau datieren, an dem sie aufwacht. Was genau wurde dort datiert? Ich lasse hier die Problematik einer behavioristischen Übersetzung subjektiver Zustände beiseite[49] und frage nur danach, ob sich der Widerfahrenscharakter des Aufwachens so wirklich naturalistisch dekonstruieren lässt.[50] Denn gegen diese Dekonstruktion spricht ein ontologisches Argument: Der Wechsel vom Schlaf- zum Wachzustand muss an irgendeinem Moment ein Wechsel von *Qualitäten* sein und nicht nur von Bewusstseinsgraden. Es muss also zwischen zwei benachbarten Zeitpunkten auf einer Zeitleiste eine qualitative Differenz bei dem beobachteten Menschen eingetreten sein. Dazu muss sich aber

---

47 S. Žižek: Körperlose Organe, 155. Ders.: Event, 101.
48 S. Žižek: Körperlose Organe, 155.
49 T. Crane: The Mechanical Mind, 50f.
50 Der Fall lässt sich nicht auf prinzipieller Ebene dadurch verbessern, dass man anstelle einer Kamera computertomographische Bilder aufnimmt und durch aufgewiesene unterschiedliche Hirnzustände den Wechsel vom Schlaf- zum Wachzustand ermittelt. Denn ohne dass jemand auch subjektiv in einen Wachzustand gerät, können entsprechende Bilder nichts aussagen. Daher ist diese Methode zumindest an die behavioristische Lösung anzukoppeln.

etwas *Neues* ereignen.[51] Denn ansonsten würde zwischen diesen beiden Zeitpunkten keine Veränderung vorliegen. Ein mechanisch-kausales Weltbild stößt also in dem Moment an eine Grenze, wo es das Auftreten von Neuem beschreiben soll.[52] Denn Neues liegt nur da vor, wo es nicht durch vorangegangene Prozesse determiniert ist und verursacht wird. Denn, vereinfacht gesagt, würde ansonsten der Schlaf- den Wachzustand verursachen oder sogar inhärieren, was eine Indifferenz zwischen beiden Zuständen zur Folge hätte.[53]

Um die Neuheit von Zuständen zu erfassen, sehe ich daher den Widerfahrenscharakter des Aufwachens nicht als ein zeitliches, sondern als ein vor-zeitiges Vorher: Der Widerfahrenscharakter (hier: des Aufwachens) erzeugt die Ereigniszeit mit, in der kausale Prozesse ablaufen. Somit kann ich zwar nur deshalb merken, dass ich wach bin, weil ich wach geworden bin, und der Zeitpunkt des Erwachens muss vor dem Zeitpunkt des Wachseins liegen. Aber das Widerfahren des Erwachens liegt an der Zeitstelle, an der ich merke, dass ich wach bin. Es setzt daher vor-zeitig und damit zeitlich rückwirkend („retroaktiv") die Kausalität des Prozesses in Kraft, wach geworden zu sein.

2.4 Ethische Bestimmung des Menschen

Trotz der anthropologischen Schwierigkeiten, Extension („*Wer* gehört zum Menschen dazu?") und Intension („*Was* bedeutet es, Mensch zu sein?") zu erkennen, räumt die evangelische Sozialethik allen Exemplaren der biologischen Gattung des *Homo sapiens* Menschenwürde ein. Diese scheinbare Inkonsequenz beruht darauf, dass Gebote nach lutherischem Verständnis einen politischen Gebrauch rechtfertigen, selbst wenn der theologische Gebrauch nicht vor der Sünde bewahrt und nicht zum Heil führt.[54] Auch

---

51 H. Deuser: Evolutionäre Metaphysik als Theorie des menschlichen Selbst, 63.
52 Ebd. A.N. Withehead: Prozeß und Realität, 383.
53 Es handelt sich deshalb um eine Vereinfachung, weil nicht nur der Schlafzustand als ganzer, sondern auch nur ein Element des Schlafzustandes den Wachzustand determinieren könnte. Das führt aber zu keinem anderen Ergebnis: Schlaf- und Wachzustand wären im Hinblick auf dieses Dritte, das den Wachzustand aus dem Schlaf heraus determinieren würde, indifferent.
54 W. Härle: Ethik, 194.

der Sünder verdient in sozialen Zusammenhängen Schutz und minimale Anerkennung, die ihm als Mensch geschuldet ist. Doch warum sollen *nur* Menschen diese „Minimalwürde"[55] verdienen? Könnten nicht auch Tiere dieselbe Würde beanspruchen, weil sie ähnliche Eigenschaften wie Menschen und sogar moralische Fähigkeiten besitzen?[56] Beruht die Begrenzung der Menschenwürde auf die Mitglieder der menschlichen Gattung auf einem sogenannten „Speziesismus", einer Denkart also, die – ebenso wie Rassismus – biologische Sachverhalte für die Zuerkennung von Rechten anführt?[57] Werden nicht damit willkürlich Wesen ausgeschlossen, die ähnliche moralische Fähigkeiten, aber auch gleiche Schutzbedürfnisse haben wie Menschen? Mit der fortschreitenden Entwicklung künstlicher intelligenter Wesen steht zudem in Frage, ob nicht Wesen aus Menschenhand geschaffen werden können, die sogar mehr typisch „menschliche" Eigenschaften besitzen als manche Menschen (Neugeborene, Koma-Patienten, geistig Behinderte).

Warum alle Menschen nach evangelisch-sozialethischen Erwägungen unterschiedslos Menschenwürde verdienen, liegt daran[58], dass Eigenschaften für die Beschreibung des Menschen nicht ausreichen und somit auch nicht für eine teilweise Aberkennung der Menschenwürde in Anschlag zu bringen sind. Damit handelt sich die evangelische Sozialethik jedoch das Folgeproblem ein, willkürliche Grenzen nach außen zu ziehen. Denn die Menschenwürde wird gerade deshalb etabliert, weil sehr wohl menschliche Eigenschaften Berücksichtigung finden, nämlich die soziale Verletzbarkeit. Wenn aber nun andere Wesen die gleiche soziale Verletzbarkeit aufweisen, wie kann ihnen dann die Anerkennung der Würde versagt werden?

Die entscheidende Herleitung der Menschenwürde ergibt sich daraus, dass der Mensch zwar nicht aufgrund seiner *Eigenschaften erkannt* wird, aber aufgrund des *Widerfahrenscharakters* in zwischenmenschlichen Begegnungen *anerkannt* wird.[59] In der Konsequenz heißt das, dass der

---

55 R. Spaemann: Über den Begriff der Menschenwürde, 307.
56 C. Deane-Drummond: The Wisdom of the Liminal, 286.
57 P. Singer: Praktische Ethik, 197.
58 Sektion 2.2.
59 D. Bonhoeffer: Sanctorum Communio, 32. F. Gogarten: Ich glaube an den dreieinigen Gott, 36.

Anerkennungsprozess der Menschenwürde nicht jeweils über mich, sondern über den *anderen* Menschen geht. Der andere Mensch hat logische Priorität vor dem Ich.[60] Und er hat diesen Primat auch nur, weil er in der Begegnung Anerkennungsprozesse erzwingt, nicht aber aufgrund seiner objektiven oder subjektiven Eigenschaften. Prägnant ausgedrückt: Ich weiß zwar nicht, was ein Mensch ist, aber ich erlebe Dich in Begegnung. Dabei ist das Du auch Dir selbst transzendent, weil Du Dich als Ich erlebst, aber nicht selbst als Du. Bonhoeffer folgert daraus, dass das Du eine Gabe Gottes ist. „Der andere Mensch ist ‚Du' nur, sofern Gott ihn dazu macht. Gott aber kann jeden Menschen zum Du für uns machen."[61] Auch hier wird der ek-zentrische Charakter des Menschseins anerkennungsdynamisch wiederholt.

Aus diesem Ansatz lässt sich der Speziesismus-Vorwurf entkräften: Menschenwürde ergibt sich dann nämlich durch die *unmittelbare* Anerkennung, die eine zwischenmenschliche Begegnung hervorbringt. Unmittelbar ist die Anerkennung dadurch, dass sie nicht durch unsere Entscheidung hervorgerufen wird. Vielmehr beruhen alle unsere Reaktionen, in die Begegnung einzuwilligen oder ihr zu entkommen, auf der unmittelbaren Anerkennung, einem anderen Menschen zu begegnen.

Die unmittelbare Anerkennung eines anderen Menschen zeigt sich darin, dass wir in eine Sphäre der Scham eintreten[62], der Verlegenheit, die einen zwingenden Charakter hat: Dem Anderen schulden wir nicht etwas, sondern uns selbst.[63] Genau darin liegt die unmittelbare Anerkennung, dass wir zum einen die Scham nicht aus uns selbst erfinden könnten[64]; vielmehr bedürfen wir dazu der Perspektive eines Anderen, die auf uns *von außen* gerichtet ist. Zum zweiten können wir aber auch nicht moralische Verantwortung oder sogar Schuld erfinden, weil sie sich nur in der Begegnung

---

60 Diese Denkfigur des Philosophen Eberhard Grisebach, von dem Gogarten und Bonhoeffer beeinflusst gewesen sind, ist über Jean-Paul Sartres Beschäftigung mit dem deutschen Existenzialismus (J.-P. Sartre: Das Sein und das Nichts, 906f.) auch in den neuen Humanismus des jüdischen Religionsphilosophen Levinas eingewandert (E. Levinas: Wenn Gott ins Denken einfällt, 116).
61 D. Bonhoeffer: Sanctorum Communio, 33.
62 J.-P. Sartre: Das Sein und das Nichts, 406.
63 E. Levinas: Wenn Gott ins Denken einfällt, 104.
64 J.-P. Sartre: Das Sein und das Nichts, 406.

einstellt. Seine eigene Moralität verdankt der Mensch daher einer Ebene, der er nicht mächtig ist. Deshalb geschieht in der Begegnung zweierlei: Sie ist die Geburtsstunde der menschlichen Moralität und zugleich die schamhafte Erfahrung, ihr nicht genügen zu können.

Zu beachten ist, dass Scham gegenüber Menschen anhalten kann, auch wenn die Begegnung wieder geendet hat. Erinnere ich mich an einen peinlichen Vorfall, so kann das Schamgefühl wieder mit derselben Intensität auftreten, obwohl niemand „da" ist, vor dem ich mich schäme. Der andere Mensch ist zwar nicht im geometrischen Raum „da", aber doch behält er offenbar in einem Beziehungsraum seine Anwesenheit.[65] Nicht seine objektiven Eigenschaften beschämen mich, sondern sogar in seinem Abwesendsein kann er mich treffen. Dabei ist dieser Moment, an dem die Scham eines vergangenen Ereignisses wieder auftritt, der Widerfahrenscharakter der Begegnung mit dem anderen Menschen, der auch abwesend sein kann.

Solche unmittelbare Anerkennungsdynamiken stellen sich bei anderen Wesen nicht ein: Begegne ich einem Hund oder Makaken – Tieren, zu denen wir entweder ein besonderes emotionales Verhältnis ausgeprägt haben oder die uns biologisch ähnlich sind –, so mag ich sie zwar sympathisch finden oder mich vor ihnen erschrecken. Aber ich schäme mich nicht vor ihnen, noch fühle ich mich durch sie in meiner Ganzheit gefordert.[66] Selbst wer sich vor seinem Hund nicht gerne nackt zeigt oder peinlich davon berührt ist, wenn er vor dem Blick seiner Hühner im Garten stolpert, bei dem wird dieses Gefühl nicht wieder auftreten, wenn die Tiere abwesend sind. Tiere behalten also nicht derart ihre Anwesenheit im Beziehungsraum, dass die Scham vor ihnen jederzeit unwillkürlich aufblitzen könnte.

Soweit phänomenologische Untersuchungen zu Begegnungen mit transhumanen Wesen vorliegen, so scheinen diese dadurch ausgezeichnet zu sein, als Mischwesen aus Subjekt und Objekt zugleich wahrgenommen zu werden, eben als „nicht-permanente Subjekte". In solchen Situationen treten wir zwar in Überlegungen ein, ob wir diesen Wesen etwas schulden könnten – aber gerade diese (reflexiven, mittelbaren!) Überlegungen belegen,

---

65 L. Ohly: Was Jesus mit uns verbindet, 115.
66 L. Ohly: Der gentechnische Mensch von morgen und die Skrupel von heute, 143.

dass es sich nicht um Begegnungen handelt, aus denen eine *unmittelbare* Anerkennung hervorgeht. Man könnte sogar die These vertreten, dass die *erleichterte* Kommunikation mit solchen Wesen ein Ausdruck dafür ist, dass mit ihnen eine Kommunikation ohne unmittelbare Anerkennung möglich wird. Erinnern wir uns: Das Computerprogramm ELIZA übte seinen Reiz auf Studierende aus, ihre privatesten Themen zu besprechen, *gerade weil sie wussten*, dass ELIZA sie nicht verstehen konnte. Subjektsimulation kann offenbar das Moment unmittelbarer Anerkennung nicht mitsimulieren.

Ich räume allerdings ein, dass der technologische Fortschritt eines Tages solche Wesen erschaffen könnte, denen wir unmittelbare Anerkennung schulden, so dass es eine Verletzung unserer eigenen Moralität bedeuten würde, sie zu ignorieren. Ich werde zwar im nächsten Kapitel einige grundsätzliche Zweifel vorbringen, dass humanoide Roboter oder Computerintelligenz einmal ein eigenes Erleben generieren können. Dennoch könnte diese theoretische Skepsis eines Tages in Begegnungen unmittelbar unterlaufen werden, so dass man sich mit diesen theoretischen Gründen kaum beruhigen könnte, wenn man diesen Wesen Gewalt antäte. Doch bei diesen Fragen befinden wir uns auf spekulativem Gebiet, die nicht darüber hinwegtäuschen können, dass zumindest starke theoretische Gründe dagegen sprechen, dass es einmal dazu kommen wird.

Zusammengefasst liegt die Grenze der Menschenwürde dort, wo wir ein Wesen nicht mehr in unmittelbaren Begegnungen anerkennen können. Die Veränderungen der Anerkennungsdynamik müssen genau beachtet werden, um die Menschenwürde zu schützen. So kann man zwar auch von transhumanen Wesen sagen, dass sie widerfahren. Allerdings steigt der Widerfahrenscharakter bei ihnen an anderer Stelle an, nämlich wenn sich ihre menschliche Seite verflüchtigt und man den Widerfahrenscharakter in ihren objektiven Eigenschaften sucht. Um diese These zu unterstützen, zeige ich oft bei Vorträgen dem Plenum ein Bild einer schönen Frau im Bikini und beobachte dabei die Gesichter der Zuschauer, während sie sich das Bild betrachten. Wenn ich die Betrachter dann aufkläre, dass es sich bei der Frau auf dem Bild um eine Puppe handelt, erwachen die Blicke des Plenums: Die Frau gewinnt genau in dem Augenblick das Interesse des Plenums, an dem sie ihr Menschsein *verliert*. Jetzt suchen die Betrachter in den Eigenschaften der Puppe, dass sie kein Mensch ist. Die Begegnung mit ihr manifestiert gerade zu dem Zeitpunkt ihren Widerfahrenscharakter, an dem sie als lebloser Gegenstand überführt wird. Genauso wachsen Interesse und Neugier an einem System künstlicher Intelligenz oder an einem Roboter, an dem gewusst wird, dass es kein Mensch ist.[67] Erst der Vergleich mit dem Menschen, an dem das künstliche System scheitert, steigert die Faszination an diesem System und bringt „magische Momente"[68] hervor.

Hier wird eine deutliche Veränderung der Anerkennungsdynamik spürbar: Auch die künstlichen Systeme werden durch den Widerfahrenscharakter der Begegnung anerkannt, aber die unmittelbare Anerkennung gewinnt ihren zwingenden Charakter genau umgekehrt zu den Begegnungen mit Menschen an der Stelle, wo sie ihres menschenähnlichen Status' entkleidet werden. Bevor wir dagegen über ihren künstlichen Status aufgeklärt worden sind, begegnen wir ihnen nicht als anderen Subjekten, sondern als Objekten – ebenso wie wir eine schöne Frau auf einem Bild verobjektivieren oder die Kommunikation auf ihren Textgehalt reduzieren: Wir schämen uns nicht, wenn wir ihr begegnen – zumindest nicht so, dass die Scham erneut auftreten könnte, wenn die Begegnung geendet hat.[69]

Unmittelbare Anerkennung gewinnen daher Menschen in Begegnung. Das ist sogar in Grenzsituationen der Fall: Der sterbende Mensch erzeugt gerade in Begegnung einen zwingenden Charakter; sogar der hirntote Patient und auch verstorbene Menschen behalten einen zwingenden Charakter, der uns achtsam werden lässt, wie wir mit ihnen umgehen.[70] Bei Föten empfinden wir ähnlich, vor allem wenn Kindsbewegungen im Mutterleib schon spürbar sind.[71] Wir erkennen also Menschen eine gleiche Würde zu,

---

67 Sh. Turkle: Alone Together, 84.

68 A. Foerst: Von Robotern, Mensch und Gott, 154.

69 Der Unterschied zwischen Mensch und menschenähnlichem Objekt schließt nicht aus, dass Roboter oder künstliche menschenähnliche Wesen eine theologische Offenbarungsqualität besitzen – wie sich ja auch am Segensroboter BlessU-2 angedeutet hat. Ich werde darauf zurückkommen, wenn ich das anthropologische Verhältnis zwischen Mensch und Roboter ins christologische Verhältnis zwischen Christus und Roboter überführe (Sektion 4.4).

70 So schreibt eine Musiktherapeutin einer hirntoten schwangeren Frau von ihrer Arbeit mit dem Fötus: „Die Patientin blieb die Begegnungsperson" (M. Bissegger: Musiktherapie im Grenzbereich zwischen Leben und Tod, 493).

71 Die Begegnung von Embryonen mittels Ultraschallbildern halte ich dagegen für eine virtuelle (L. Ohly: „Playing God", 93. M. Hoffmann: Kindeswunschbehandlung mit den Augen des Kindes – Das virtuelle Kind in der Reproduktionsmedizin,

weil sich diese Minimalwürde in Begegnung offenbart: als Mindeststandard der Moralität, mit der wir durch diese Begegnung dem Anderen ausgesetzt werden. Die Ausweitung der Menschenwürde auf andere Wesen entwertet dagegen die Bedeutung der Menschenwürde dramatisch.[72]

2.5 Ergebnis

Der Mensch ist, indem er widerfährt. Er braucht den Umweg über seinen Widerfahrenscharakter, um sich und seinesgleichen anzuerkennen. *„Ich werde erkennen, wie ich erkannt bin"* (1.Kor. 13,12).[73] Menschen fangen an, von Gott zu reden, weil sie den Widerfahrenscharakter von Ereignissen thematisieren. Ohne Gott (oder den Widerfahrenscharakter) können sie sich somit weder anerkennen noch erkennen. Was sich unmittelbar vollzieht, muss aber dadurch nicht schon bewusst werden. Das ek-zentrische Menschsein wird zwar von jedem Menschen vollzogen, muss aber nicht schon reflexiv erfasst werden. Deshalb bleibt die Gefahr, den Status des Menschen durch eine Eigenschaftsontologie zu verkürzen.[74] Wer den Umweg über den ek-zentrischen Charakter des Menschen nicht gehen will, für den hat Luther das Bild des Sünders als eines in sich selbst verkrümmten Menschen (*homo incurvatus in sese ipsum*) gewählt.[75] Es ist der Mensch im Zustand der Sünde, der seine grundsätzliche Relationalität auf sich selbst verkürzt.

---

108). Für sie gilt, dass sie allenfalls eine vermittelte Unmittelbarkeit erreicht, die ebenfalls die Anerkennungsdynamik ändert, indem sie zu einem Gradualismus führt (J. Habermas: Die Zukunft der menschlichen Natur, 60).

72 B. Irrgang: Posthumanes Menschsein? 166.

73 Zu beachten ist an diesem Bibelvers, dass ich weder mich erkenne noch voraussetze, dass der Andere mich adäquat erkennt. Vielmehr ist diese Form der Erkenntnis primär eine Anerkennung des Anderen.

74 Dieser Gefahr erliegen – vor allem katholische (zum Beispiel K. Demmer: Selbstaufklärung theologischer Ethik, 72), aber nicht nur (W. Härle: Ethik, 253f., 288f.) – manche theologische Beiträge zum ontologischen Status des Embryos. S. meine Kritik in L. Ohly: Konkrete Embryonen und konkrete Menschen – Kripkes Tipps zur Vermeidung einer Irritation, 277–290.

75 W. Härle: Der Glaube als Gottes- und/oder Menschenwerk in der Theologie Martin Luthers, 46.

Widerfahrnisse dagegen lassen sich weder auf Eigenschaften reduzieren noch vom Subjekt heraus selbst konstruieren. Ihnen gegenüber besteht immer eine grundsätzliche Passivität. Deshalb sprechen Menschen oft intuitiv von Gott, wenn ihnen etwas widerfährt. Und mit dem zwingenden Widerfahrenscharakter werden sie auf die Frage gelenkt, was das Widerfahrnis *für sie* bedeutet.

3. Können Wesen Künstlicher Intelligenz Subjekte sein?

Unter „Singularität" versteht man KI-Wesen, die zu Bewusstsein erwachen.[76] Nicht alle Wesen, die Bewusstsein haben, müssen auch selbstbewusste Wesen sein. Und doch kann kein Wesen Bewusstsein besitzen, das kein Subjekt ist. Denn Subjektivität ist nicht nur der Träger des Bewusstseins, sondern auch sein Vollzug. Subjekte *erleben* ihr Bewusstsein, anstatt dass sie es nur „haben" wie eine Datenbank Informationen hat.

Im vorigen Kapitel habe ich grundsätzliche Einwände erhoben, warum KI-Wesen keine Subjekte sind und auch nicht sein können. Meine Argumentation werde ich in diesem Kapitel noch erweitern. Bisher lautete mein Argument, dass wir solche Wesen nicht unmittelbar anerkennen können.[77] Das schließt aber nicht die Möglichkeit aus, dass Wesen Subjektivität besitzen, die wir nicht unmittelbar anerkennen. Das Fremdpsychische zeichnet sich ja darin aus, nicht von unseren Gefühlen abhängig zu sein. Damit stellt sich die Frage nach einer angemessenen Methode, wie sich das Fremdpsychische erkennen lässt.

1. Zum einen könnte man meinen Ansatz weiterführen und untersuchen, ob wir KI-Wesen unmittelbare Gefühle entgegenbringen. Beispiele hierfür zeigen sich durchaus: Wir ärgern uns über den Computer, wenn er nicht ausführt, was wir von ihm wollen, und können zornig auf ihn sein oder ihn sogar hassen. Zudem messen wir uns im Spiel „mit" Computern und personalisieren sie damit.[78]

2. Die klassische Form ist es, Gedankenexperimente durchzuführen, wie es wäre, wenn KI-Wesen bestimmte Ausstattungen hätten und ob sie dann etwas erleben könnten. Solche Gedankenexperimente stehen auf wackeligen Füßen, weil sie oft empirisch überholt werden und ihre eigenen Intuitionen nicht überprüfen.[79] Was sich nicht vorstellen lässt, kann sehr

---

76 E. Kaeser: Artfremde Subjekte, 103.
77 Sektion 2.4.
78 E. Kaeser: Artfremde Subjekte, 131.
79 T. Crane: The Mechanical Mind, 127. Th. Metzinger: Subjekt und Selbstmodell, 143.

wohl möglich sein, und was wiederum denkbar ist, muss nicht immer möglich sein. Andererseits können Gedankenexperimente gerade deshalb unsere Intuitionen von Bewusstsein hermeneutisch rekonstruieren. Sie können dabei auch Bestimmungen katalogisieren, nämlich ob wir künstliche Formen von Intelligenz überhaupt als psychisches Erleben begreifen können.

3. Oft werden die technischen Möglichkeiten daraufhin überprüft, ob sie Singularität erschaffen können. Catrin Misselhorn etwa hält die technischen Voraussetzungen für unerfüllt, so dass „weder empirisch noch philosophisch" „in absehbare Zeit"[80] mit bewussten KI-Wesen zu rechnen ist. Wenn man aber keinem Leib-Seele-Dualismus anhängt, sondern zugesteht, dass Bewusstsein materielle Bedingungen hat, ist dieser Einwand nur provisorisch zu verstehen: Die Betonung liegt dann auf „in absehbarer Zeit". Dann allerdings fragt sich, was die philosophischen Argumente gegen Singularität sind. Misselhorn beschränkt sich in ihrer philosophischen Argumentation darauf, dass Bewusstsein einen Körper braucht, der eine künstliche Evolution durchlaufen haben müsste.[81] Dabei suggeriert sie, dass eine solche Evolution Zeit benötige, so wie die menschliche Evolution „Jahrmillionen"[82] gedauert habe. Ich sehe in diesen Argumenten eher technische Szenarien als philosophische Argumente. Gerade wenn künstliche Intelligenz anders als biologische funktionieren kann[83], könnten auch die evolutionären Bedingungen völlig anders verlaufen. Man könnte demgegenüber rückfragen, ob der Begriff der „künstlichen Evolution" nicht ein Oxymoron darstellt, das für die Entstehung künstlichen Bewusstseins eine *natürliche* Entwicklung zugrunde legt. Künstlich daran wären allenfalls die Startimpulse. Aber nehmen wir an, dass sich im Laufe dieses Prozesses KI-Wesen mit Bewusstsein evolutionär entwickeln würden. Wären sie dann nicht natürlich intelligente Wesen, weil sie sich einem natürlichen Prozess verdanken, der ungesteuerte Momente enthält (Evolution)?

---

80 C. Misselhorn: Grundfragen der Maschinenethik, 15, 214.
81 AaO, 213.
82 Ebd.
83 AaO, 25.

Für eine Theologische Ethik der Robotik ist die Zeitfrage, ob künstliche Wesen auf absehbarer Zeit entstehen könnten, zu vernachlässigen. Denn für sie besteht bereits in der grundsätzlichen Möglichkeit, künstliche Subjekte zu konstruieren, eine heikle Konfrontation mit der Schöpfung des Lebens. Kann also der Mensch grundsätzlich zum Schöpfer künstlichen Bewusstseins werden? Und, wenn Ja: Darf er es? Deshalb ist die dritte Methode theologisch-ethisch uninteressant. Im Folgenden werde ich die beiden anderen Methoden heranziehen, um zu zeigen, dass grundsätzliche Vorbehalte gegen die Möglichkeit bestehen, dass Menschen KI-Wesen mit Bewusstsein erschaffen.

3.1 Gefühle gegenüber KI-Wesen

Auch gegenüber Puppen, Plüschtieren oder sogar menschenunähnlichen Wesen wie Tassen oder Büchern können wir Gefühle der Sympathie entwickeln, im letzteren Fall etwa, wenn sie uns von einer geliebten Person geschenkt worden sind oder wenn sie uns in einem besonderen Akt anvertraut wurden. Dennoch würden wir in diesen Fällen nicht behaupten, dass diese Gegenstände Subjekte sind. Unsere Sympathie für sie muss sich nicht einmal dadurch abschwächen, dass wir ihnen keine Subjektivität unterstellen. Ich kann mit der herausgerissenen Seite aus der Schleiermacher-Ausgabe von 1835 leiden, die ich von meinem Großvater geerbt habe, auch wenn ich zugleich weiß, dass dieses Buch nichts empfindet. Zugleich kann ich unterscheiden, ob primär *ich* unter dem objektiven Wertverlust leide oder ob mein Leiden auf Sympathie mit dem „armen Buch" beruht.

Der Ökonom und Philosoph Adam Smith hat im 18. Jahrhundert vorgeschlagen, den moralischen Wert von Gefühlen daran zu bemessen, wie weit sie sich „herabstimmen"[84] lassen, bis sie sich von anderen mitfühlen lassen. Sein Kriterium war dafür ein „unparteiischer Zuschauer"[85], ein Konstrukt zwar, das gleichwohl jedem von uns natürlicherweise inne wohnt.[86] Der unparteiische Zuschauer kann unsere Gefühle mitfühlen, aber in einem Maß, das nicht mehr von unserer Selbstperspektive abhängt.[87] Er wird

---

84 A. Smith: Theorie der ethischen Gefühle, 33.
85 Ebd.
86 A. Smith: Theorie der ethischen Gefühle, 476.
87 AaO, 29, 133.

heuristisch als Brücke zwischen meinen Affekten und ihrem Mitfühlen durch andere eingesetzt. Ich muss ebenso mitfühlen können, wieweit andere meine Gefühle mitfühlen können, damit ich sie für andere herabstimmen kann.

Nicht darin ist der Zuschauer unparteiisch, dass er nicht empathisch wäre, sondern darin, dass er die „selbstischen Neigungen"[88] nicht teilt, mit denen unsere Affekte verbunden sind. Interessanterweise ist aber der unparteiische Zuschauer auch „wohl unterrichtet"[89]. Denn ansonsten könnte er nicht einschätzen, ob bestimmte Gefühle situationsangemessen sind.[90] Der unparteiische Zuschauer wird somit zum *Kriterium moralisch gültiger Gefühle und Gefühlsintensitäten*: Diejenigen Gefühle sind moralisch zu achten[91], die situationsgerecht und zugleich maßvoll genug sind, dass ein unparteiischer Zuschauer sie nachempfinden und somit billigen kann. Kann er das, so ist ihr moralischer Anspruch auf andere übertragbar.[92]

Smiths Theorem vom unparteiischen Zuschauer hat den Vorteil, Gefühle wertzuschätzen, ohne ihre unmittelbare Evidenz für das fühlende Subjekt schon zum Kriterium für die Wahrheit des Gefühls zu erheben. Nicht die Gefühle, sondern die Einstimmung auf die Gefühle eines anderen Menschen erzeugen moralische Verbindlichkeit. Auf diese Weise könnten Gefühle für die Anerkennung künstlicher Subjekte eine heuristische Basis liefern, ohne dass sie dabei naiv übernommen werden müssen.

Wenden wir dieses Theorem auf menschliche Gefühle gegenüber KI-Wesen an, so heißt das, dass wir solchen Wesen Bewusstsein zuerkennen, wenn unsere Gefühle für sie vom unparteiischen Zuschauer mitempfunden werden können. Je weniger sie von spekulativen Meinungen begleitet sind, desto mehr sind sie für eine unparteiische Perspektive „herabgestimmt". Wer über den Werteverlust der Schleiermacher-Ausgabe leidet, dem wird daher der unparteiische Zuschauer beipflichten. Wer dagegen meint, dass die Schleiermacher-Ausgabe *selbst* darunter leidet, dass eine Seite herausgerissen ist, dürfte sich der Beistimmung durch den unparteiischen Zuschauer nicht so sicher sein. Wie ist es aber beim Fall, dass ich insofern „Mitleid"

---

88 AaO, 33.
89 AaO, 479.
90 AaO, 10.
91 AaO, 20.
92 AaO, 133.

mit der Ausgabe habe, als ich „um ihrer selbst willen"[93] leide, ohne dabei zu unterstellen, dass sie selbst leidet?[94] Der Wert dessen, was „um seiner selbst willen" gefühlt wird, wird überhaupt erst durch das Gefühl geweckt. Denn wenn ich nie das Interesse hatte, die Ausgabe zu verkaufen oder darin zu lesen, sondern sie zu hüten, dann liegt der Wert der Ausgabe weder in ihrem Tausch- noch in ihrem Gebrauchswert. Vielmehr entsteht er dadurch, dass er im Gefühl geweckt wird. Der unparteiische Zuschauer wird ihm allerdings nur dann beipflichten, wenn auch bei ihm ein solches Gefühl geweckt wird, obwohl er nicht in Besitz der Ausgabe ist. Wenn ich ein solches Gefühl also auch umgekehrt bei versehrten Ausgaben anderer Besitzer habe, kann ich erwarten, dass dieses Gefühl auch moralisch achtungswürdig ist.[95]

Zu beachten ist allerdings, dass nicht immer die Herabstimmung das richtige Mittel ist, um eine Beipflichtung des unparteiischen Zuschauers zu gewinnen. Denn sonst wäre generell die niedrigste Gefühlsintensität moralisch achtungswürdig. Das ist aber nicht der Fall: Wenn ein Mensch zu abgestumpft ist, um Gefühle zu haben, kann der unparteiische Zuschauer dieses Gefühl missbilligen, weil er selbst Herz hat.[96] Daher könnte es sein, dass eine zu nüchterne Sicht auf Wertverluste oder Schäden nicht beistimmungspflichtig ist.

Außerdem gehört zu Smiths Theorem, dass in einer Situation mehrere beistimmungspflichtige Gefühle miteinander koexistieren: Man kann den Gebrauchs- und Tauschwert der Schleiermacher-Ausgabe beklagen und zugleich „um ihrer selbst willen" leiden. Beides dürfte der unbeteiligte Zuschauer mitempfinden können. Zwischen beiden Gefühlen besteht aber kein logisches Verhältnis. Deshalb ist es auch möglich, dass ich den Tauschwert geringschätze, aber den Wert um seiner selbst willen fühle – und in beiden Fällen vom unbeteiligten Zuschauer Billigung erfahre. Der unbeteiligte Zuschauer *legt also nicht restriktiv fest, welche Gefühle zu achten*

93 AaO, 525.
94 Smith kennt zumindest das Phänomen der Sympathie mit toten Menschen (aaO, 12), die zwar eine „Täuschung unserer Phantasie" (13) ist, weil wir uns nicht in Tote hineinversetzen können. Dennoch ist diese Sympathie angemessen, um das Leben überhaupt zu achten (ebd.).
95 Smith sieht nämlich einen direkten Zusammenhang zwischen dem unparteiischen Zuschauer und der Goldenen Regel (aaO, 33f).
96 AaO, 125.

sind, sondern er eröffnet einen Raum moralisch achtenswerter Gefühle, auch wenn diese sich widersprechen. Smiths Theorem dürfte daher zu schwach sein, um eine abschließende Entscheidung über die Anerkennung künstlicher Subjekte herbeizuführen, es sei denn, hier hätten Menschen keinen emotionalen Spielraum.

„Die ersten Wahrnehmungen von recht und unrecht ... müssen Gegenstand einer unmittelbaren Empfindung oder eines Gefühls sein."[97] Smith ordnet diese unmittelbare Empfindung einem Angenehmen/Unangenehmen „um seiner selbst willen" zu.[98] Was „um seiner selbst willen" angenehm ist, hat keinen anderen Grund als die unmittelbare Empfindung, die also *einfach so* entsteht und nicht dadurch, dass man ein vernünftiges Werturteil fällt. Ich kann auch nicht wählen, dass etwas „um seiner selbst willen" angenehm ist, denn sonst wäre es aufgrund meiner Wahl angenehm und nicht um seiner selbst willen. Vielmehr steckt in dieser „ersten Wahrnehmung" der unmittelbaren Empfindung ein unhintergehbarer *Widerfahrenscharakter*: Wir fühlen etwas, weil dieses Gefühl uns *ohne Weiteres* widerfährt. Es ist klar, dass der unparteiische Zuschauer solche Gefühle billigen muss. Denn wenn sie nicht abgewehrt werden können, weil sie unmittelbar widerfahren, muss der unparteiische Zuschauer sie selbst haben.

Ich fühle also nur dann moralisch achtbar um der versehrten Schleiermacher Ausgabe willen, wenn ein Widerfahrnis ohne weitere Gründe dieses Gefühl unmittelbar aufzwingt. An dieser Stelle droht Smiths Konzept nun einem logischen Zirkel zu verfallen. Denn wenn nicht alle Menschen dieses unmittelbare Gefühl beim Anblick der Schleiermacher-Ausgabe haben, dann liegt das daran, dass sie offenbar nicht in der Lage sind zu erkennen, was sie erkennen „sollten"[99]. Es wird nämlich „um seiner selbst willen"[100] begehrt, weil es um seiner selbst willen begehrt werden *sollte*. Es beruht dann auf einem Vorurteil, dass ich *meine*, der unparteiische Zuschauer müsse Dasselbe fühlen wie ich, weil ich keine anderen Gründe für dieses Gefühl habe als den unmittelbaren Widerfahrenscharakter des Gefühls. Andere Menschen würden erwarten, dass der unparteiische Zuschauer dieses Gefühl nicht

---

97 AaO, 524f.
98 AaO, 525.
99 AaO, 508.
100 Ebd.

zwingend fände, weil sie es nicht *unmittelbar* „um seiner selbst willen" fühlen. Smiths Theorem führt also sogar beim Fall eines scheinbar zwingenden Gefühls zu einer Unentschiedenheit, ob dieses Gefühl unmittelbar ist oder nicht.

Überzeugend halte ich dagegen die Vorstellung, dass unmittelbar zwingende Gefühle deshalb zwingend sind, weil sie ohne Weiteres widerfahren. Ob wir also künstliche Subjekte anerkennen müssen, hängt dann davon ab, dass diese Gefühle nicht auf „selbstischen Neigungen" beruhen wie etwa bei der Nutzerin eines Sex-Roboters, die ihren künstlichen Sexpartner zum Subjekt erhebt, weil sie von ihm so stark erregt wird. Vielmehr muss das Gefühl, dass ein künstliches Wesen Subjektivität besitzt, allen Menschen widerfahren, sobald sie mit ihm konfrontiert sind. Gibt es solche Verallgemeinerungen von Gefühlen gegenüber künstlichen Wesen?

Obwohl die Liste lang ist, welche Gefühle Robotern oder KI-Wesen entgegengebracht werden – zum Beispiel Sympathie, Vertrauen, Wut, Trauer[101] –, tritt keines dieser Gefühle unmittelbar zwingend auf. Und keins von ihnen erzwingt eine Anerkennung dieser Wesen als Subjekte. Dagegen lässt sich ein Gefühl allenfalls sehr rudimentär in Begegnung mit künstlichen Wesen konstruieren, das aber die Anerkennung fremdpsychischer Subjektivität erzwingt: Scham.

3.2 Scham gegenüber KI

Es „bezeugen gewisse besondere Bewußtseine, zum Beispiel das ‚Scham-Bewußtsein', dem Cogito unzweifelhaft sowohl sich selbst als auch die Existenz des Anderen."[102] Ebenso wie Descartes also aus dem „Ich denke" (lateinisch: Cogito) sicher folgen konnte: „Also bin ich", ebenso verbürgt Scham die Anwesenheit eines Anderen. Scham kann ich mir also nicht einbilden, weil „der Andere sich mir als eine konkrete und evidente Anwesenheit darbietet, die ich in keiner Weise von mir ableiten kann."[103] Denn würde ich den Anderen aus meinem Bewusstsein heraus erfinden, so bliebe

---

101 Zum Beispiel J. Kirkpatrick/E.N. Hahn/A.J. Haufler: Trust and Human-Robot Interactions, 147.
102 J.-P. Sartre: Das Sein und das Nichts, 490.
103 AaO, 488.

ich noch innerhalb *meines* Bewusstseins und käme so nie zum Anderen.[104] Die Erfahrung des Anderen kann somit nicht eingebildet sein. Übrigens die *Existenz* des Anderen schon: Der Andere manifestiert sich „anläßlich eines Raschelns von Zweigen, eines von Stille gefolgten Geräuschs von Schritten, eines halboffenen Fensterladens."[105] Aber solche Phänomene wie das Rascheln könnten auch Verwechslungen oder Täuschungen sein.[106] Nicht die Existenz oder das Dasein[107] des Anderen ist evident, sondern seine „unmittelbare Anwesenheit"[108]. „Existenz" ist offenbar gegenständliches Dasein, während „Anwesenheit" eine intersubjektive Beziehung beschreibt, die auch das Abwesende einschließt.[109] Deshalb schämt man sich vor Menschen, weil sie *Subjekte* sind – und nicht nur, wenn sie *da* sind. Auch abwesende Subjekte beschämen.

Scham ist für Sartre kein zufällig auftretendes und vermeidbares Gefühl, sondern tritt unmittelbar durch die Anwesenheit des Anderen auf. Wer sich im Fahrstuhl mit fremden Menschen aufhält, spürt die eigene Verlegenheit, wohin man bloß den Blick richten soll. Bei Freunden schwächt sich zwar dieses Gefühl ab, weil das liebevolle „Ich werde erkennen, wie ich erkannt bin" (1. Kor. 13,12) Wohlgefallen auslöst. Allerdings ist seine Grundlage die unterschwellige Scham: Ich liebe nämlich dann, das Schamgefühl *aushalten zu können*, das darin besteht, zu erkennen, wie ich erkannt bin. In manchen Situationen wiederum schwillt die Scham auch gegenüber Freunden oder Familienmitgliedern wieder an, etwa wenn man sich gemeinsam im Zimmer befindet und für längere Zeit schweigt oder anfängt, Belangloses zu reden, weil man das Schweigen nicht erträgt.

Christopher Scholtz beschreibt eine Situation, in der sich eine Besitzerin des Spieleroboters AIBO *vor ihm* schämt, während sie sich anzieht.[110] Damit

---

104 AaO, 34, 405f.
105 AaO, 465.
106 AaO, 497.
107 AaO, 467.
108 AaO, 466.
109 Wenn Sartre von der unbezweifelbaren *Existenz* des Anderen spricht, so meint er keinen konkreten Anderen (etwa aaO, 497), sondern die unhintergehbare Dimension der Alterität. Nur deshalb kann es sowohl ein blinder Alarm (ebd.) gewesen als auch der Andere „jetzt überall" (ebd.) sein.
110 Chr. Scholtz: Alltag mit künstlichen Wesen, 230.

wäre in Sartres Sinne die Anwesenheit künstlicher Subjekte erwiesen – übrigens obwohl die Ausstattung Aibos keine KI enthält. Allerdings wäre dieser Schluss voreilig: Denn indem Sartre zwischen Existenz und Anwesenheit unterscheidet, setzt Scham zwar Anwesenheit eines Anderen voraus, ohne dass schon klar sein muss, wer der Andere ist. Die Nutzerin könnte sich auch vor einem anonymen Programmierer schämen oder vor einer Person, die Zugriff auf die Clips hat, die AIBO aufnimmt. Die Scham reagiert zwar auf die evidente Sphäre des Anderen, ohne jedoch eindeutig zu bestimmen, wer der Andere ist. Der Andere ist also nicht gegenständlich bestimmt, sondern durch ein unmittelbares Widerfahren seiner Anwesenheit gekennzeichnet.

Auch Scham hat einen Widerfahrenscharakter. Sie tritt unwillkürlich und unmittelbar auf, noch bevor ich mich beruhigen kann, dass ich gar nicht gesehen werde, doch niemand da ist oder nur vertraute Personen. Das Widerfahren der Scham ist also die Rückseite des Widerfahrens des Anderen.

Dietrich Bonhoeffer hat diesen Widerfahrenscharakter des Anderen theologisch gedeutet. Gerade weil der Andere es nicht „macht", für mich der Andere zu sein, ist seine Alterität sowohl für mich als auch für ihn transzendent: *„Gott oder der Heilige Geist tritt zum konkreten Du hinzu, nur durch sein Wirken wird der andere mir zum Du."*[111] Ebenso wie bei Sartre erlebt das Ich im Du „real eine Schranke"[112], die Bonhoeffer an anderer Stelle auch mit Scham benennen kann, nämlich „daß der Mensch in der Scham seine Grenze anerkennt."[113] Wer der Andere ist, der dem Ich diese Grenze setzt, ist allerdings nicht ebenso sicher – das Du vergeht mit jeder Begegnung wieder[114] – im Gegensatz zur Evidenz, dass der Andere eine Schöpfung Gottes ist. Die Evidenz des Anderen ist somit gegenüber der Evidenz des göttlichen Widerfahrens nachrangig.[115] Ähnlich wie Sartre den Anderen über das Widerfahren seiner Anwesenheit bestimmt und nicht über seine Gegenständlichkeit, ist bei Bonhoeffer der Andere mit seiner Transzendenz nicht substanziell-gegenständlich.

---

111 D. Bonhoeffer: Sanctorum Communio, 33, Herv. D.B.
112 AaO, 26.
113 D. Bonhoeffer: Schöpfung und Fall, 117.
114 D. Bonhoeffer: Sanctorum Communio, 28.
115 L. Ohly: Schöpfungstheologie und Schöpfungsethik im biotechnologischen Zeitalter, 124.

Das hat Folgen für die Scham: Wenn ich mich vor dem Anderen schäme, weil seine Anwesenheit widerfährt, auch wenn er nicht „da" ist, kann auch meine Scham wiederkehren, wenn der Andere abwesend ist. Wenn ich die vergangene Situation im Fahrstuhl erinnere, kann die Scham erneut widerfahren. Darin liegt der Unterschied zu flüchtigen Schamerfahrungen mit Tiersubjekten und auch mit „nicht-permanenten Subjekten", wie Scholtz Roboter charakterisiert.[116]

Scham ist also ein gestuftes Phänomen. Einerseits ist sie graduell verschieden: Man kann sich stärker oder schwächer schämen, vor manchen Menschen mehr als vor anderen und auch vor manchen Lebewesen mehr als vor anderen. Andererseits aber unterscheiden sich Schamerfahrungen auch qualitativ: Es mag sein, dass man sich vor seinem Hund schämt; aber diese Scham ist auf den jeweils aktuellen Moment der Begegnung begrenzt. Wie Catharina Wellhöfer an Scholtz' Begriff der nicht-permanenten Subjekte herausgearbeitet hat, neutralisieren sich die Schamerfahrungen sogar im selben Moment, an dem sie auftreten: Ein künstliches Subjekt ist *gleichzeitig* Subjekt wie es auch kein Subjekt ist.[117] Die beschämte Person muss zugleich darüber spotten, dass sie beschämt ist, weil AIBO doch nur ein Roboter ist: „I certainly won't get dressed in front of him though!:)"[118] Als Produkt menschlicher Planung und Arbeit verliert der Roboter seinen Status als Subjekt und wird zum Gegenstand. Er wird also in der Kategorie der Gegenständlichkeit betrachtet und sein Widerfahrenscharakter lediglich darauf bezogen. Dagegen fehlt einem nicht-permanenten Subjekt der Widerfahrenscharakter von Anwesenheit. Es kann zwar auch widerfahren, wenn es abwesend ist und man sich nur daran erinnert – genauso wie ein lebloses Ereignis (ein Unfall) widerfahren kann, wenn man daran zurückdenkt oder es imaginiert. Aber das nicht-permanente Subjekt kann dabei als Abwesender keine Scham auslösen. Wenn also Anerkennung des Subjekts und Aberkennung parallel verlaufen, wird das künstliche Wesen in letzter Konsequenz nicht anerkannt.[119] Dagegen belegen Schamerfahrungen vor Menschen, dass diese *permanente* Subjekte sind: Ihre Permanenz macht sich

---

116 Chr. Scholtz: Alltag mit künstlichen Wesen, 293.
117 L. Ohly/C. Wellhöfer: Ethik im Cyberspace, 289.
118 Chr. Scholtz: Alltag mit künstlichen Wesen, 230.
119 L. Ohly/C. Wellhöfer: Ethik im Cyberspace, 288.

nicht abhängig von ihrer gegenständlichen Lokalisierung, sondern von ihrer Anwesenheit, die von meinem Standpunkt unwillkürlich als Scham widerfahren kann. Diese Permanenz von Subjekten tritt sogar bei Verstorbenen auf[120], was eine gewisse Parallele zu Adam Smith aufweist[121] und belegt, dass man von Subjekten auch in anderen Kategorien sprechen muss als nur in der Kategorie der Gegenständlichkeit.

3.3 In einer Welt voller Zombies

Aber könnte sich nicht eines Tages daran etwas ändern, dass künstliche Wesen Subjektivität besitzen? Die Position, dass dies grundsätzlich nicht möglich ist, mutet zirkulär an: Nur Menschen (und Tiere) seien danach Subjekte, weil sie Menschen (und Tiere) sind. Die kategoriale Bestimmung bleibender Anwesenheit nur auf natürliche Subjekte zu beschränken, ergibt sich nicht von selbst. Denn in meiner bisherigen Argumentation spielte der Begriff des Natürlichen keine Rolle. Gerade wenn angenommen wird, dass Subjektivität materielle Grundlagen hat, nämlich ein Gehirn, kann nicht aus kategorialen Gründen ausgeschlossen werden, dass künstliche Wesen einst Subjektivität besitzen können. Zwar müssen künstliche Subjekte uns widerfahren, so dass wir uns vor ihnen schämen können, und zwar auch dann, wenn sie abwesend sind. Insofern müssen die bisherigen kategorialen Betrachtungen auch bei künstlichen Subjekten erfüllt werden. Dennoch gibt es keine apriorischen Gründe, warum das nicht der Fall sein könnte, wenn doch künstliche Wesen und natürliche Subjekte derselben Welt zugehören und von materiellen Bedingungen derselben Welt abhängig sind.

Deshalb wende ich mich nun einigen Gedankenexperimenten zu, um meine bisherige Argumentation zu erweitern. Gedankenexperimente können sich über die Wirklichkeit täuschen. Aber sie klären uns auch über die Konsequenzen unserer Intuitionen auf. Sie machen darauf aufmerksam, wie sich unsere Intuitionen verändern müssten, wenn gegen die Ergebnisse der Gedankenexperimente doch künstliche Subjekte möglich wären.

---

120 L. Ohly: Verstorbenen begegnen, 298ff.
121 A. Smith: Theorie der ethischen Gefühle, 12.

In meinem ersten Gedankenexperiment überprüfe ich noch nicht die Denkbarkeit künstlicher Subjekte, sondern die *Täuschungsfähigkeit* künstlicher Wesen, uns als Subjekten zu begegnen, obwohl sie es nicht sind. Tatsächlich zeichnet sich schon gegenwärtig Kommunikation mit KI-Programmen aus, dass sie uns darin täuschen, Subjekte zu sein. Der Turing-Test selbst war dazu gedacht, vor Versuchspersonen vorzutäuschen, beim versteckten Gesprächspartner handle es sich um ein Subjekt („Imitation Game"[122]). Der Wissenschaftsjournalist Eduard Kaeser beschreibt dazu: „Der Turing-Test wirft ein bezeichnendes Licht auf die Entwicklung der Künstlichen Intelligenz: nicht als Geschichte der Maschinenintelligenz, sondern als Geschichte der fortschreitenden *Vortäuschung (Simulation) von Intelligenz* durch Maschinen."[123] Seitdem orientiert sich KI an der Vortäuschung zwischenmenschlicher Kommunikation.[124] Deshalb diskutiere ich zunächst die Reichweite solcher Täuschungen: Könnten künstliche Wesen uns vortäuschen, dass sie Subjekte sind, so dass wir uns vor ihnen auch dann schämen, wenn sie abwesend sind?

Es geht hierbei nicht um die vorübergehende Täuschung wie in der nur wenige Minuten dauernden Phase des Turing-Tests. Vielmehr geht es um Täuschungen der Lebenswelt, in der Menschen aufwachsen und sich orientieren. Können die grundsätzlichen Orientierungsfunktionen der Lebenswelt simuliert werden? Peter Janich hat darauf hingewiesen, dass man am Telefon nicht sprechen lernen kann, weil das Gespräch keinen Verweis auf Anwesendes bietet, auf das sich die kommunizierten Wörter beziehen könnten.[125] Deshalb bedarf es eines fundamentaleren Gedankenexperiments, als es der Turing-Test bietet.

Nehmen wir an, dass ein Kind in einer Welt aufwächst, in der es nie Menschen begegnet, sondern ausschließlich von Robotern umgeben ist, die eine menschliche Lebenswelt aufgrund ihrer KI und ihrer motorischen Fähigkeiten täuschend echt simulieren. Wird dann nicht das Kind lernen, die Roboter als Seinesgleichen anzuerkennen und ihnen Subjektivität zurechnen? Wird es sich dann nicht vor ihnen schämen?

---

122 A.M. Turing: Computing Machinery and Intelligence, 433f.
123 E. Kaeser: Artfremde Subjekte, 135, Herv. E.K.
124 A.M.C. Isaac/W. Bridewell: What Lies on Silver Tongues, 165, 167.
125 P. Janich: Was ist Information? 35.

Wie bereits in der bisherigen Argumentation dargestellt, können Roboter eine Instanz sein, vor der man sich graduell mehr oder weniger schämt. Sie sind aber nicht „Unseresgleichen", weil sie nicht verletzbar sind wie wir.[126] Also müssten sie eine menschliche Verletzbarkeit mitsimulieren.

Simulieren heißt dabei: Sie zeigen *alle* Anzeichen an,

1. in Begegnungen mit ihnen einem Anderen zu begegnen, also einer sozialen Welt, die durch das Widerfahren von Anwesenheit eines Anderen auftritt;
2. verletzbar wie Unseresgleichen zu sein und
3. ihre Mustererkennungen zu *erleben*, also ein Erleben von Erlebnissen zu haben und damit Subjekte zu sein,

ohne dass sie jedoch – qua Voraussetzung – ein eigenes Erleben haben und verletzbar wie wir sind.

Diese täuschend echte Simulation müsste absolut sein, d.h. es dürfte keine Momente geben, an denen der Eindruck verfälscht wird, dass Roboter nicht Unseresgleichen sind. Das Kind dürfte nie den Eindruck haben, dass ihre Technik versagen kann oder dass sie ein- und ausgeschaltet werden können. Beim ersten Anzeichen solcher maschineller Eigenschaften würde die Anerkennung durch das Kind in Frage gestellt.

In diesem Fall der absoluten Simulation wird der Unterschied zwischen Realität und Simulation verwischt: Es wird dann ununterscheidbar, dass der Roboter wie Unseresgleichen ist und *dass das Kind ein Cyborg* ist, also selbst ein Mischwesen aus Mensch und Maschine. Die prinzipielle Differenz zwischen intersubjektiver und virtueller Anerkennung wird erst signifikant, wenn die Simulation nicht absolut ist. Erst dann bekommt „intersubjektive Anerkennung" eine signifikante Bedeutung.

Sartre hat unterschieden zwischen einem „ontologischen Beweis", dass bewusstseinstranszendente Objekte *existieren*, und der Evidenz der *Anwesenheit* des anderen Subjekts. Beide Phänomene beschreibt er ähnlich, nämlich *via negationis*: Gäbe es nur Bewusstsein, so könnte es sich keine Gegenstände außerhalb des Bewusstseins denken.[127] Ebenso wenig kann

---

126 L. Ohly: Schöpfungstheologie und Schöpfungsethik im biotechnologischen Zeitalter, 156f.
127 J.-P. Sartre: Das Sein und das Nichts, 34.

ich die Anwesenheit des Anderen aus mir selbst ableiten.[128] Dennoch führt der *Blick* des Anderen zu einer totalen Metamorphose der Welt[129], die auch mich zu seinem Objekt verwandelt.[130] Diese Unterscheidung, auch wenn sie innerhalb der ontologischen Evidenz eines Außer-mich-Seins vorgenommen wird, fällt weg, wenn der Blick des Anderen nur simuliert ist.

Denn warum sollte sich das Kind noch schämen können, wenn es sich doch auch vor anderen Objekten nicht schämt und auch die Roboter nur Objekte sind? Müsste es dazu nicht ein *intrasubjektives* Potenzial der Scham besitzen? Sartres Beschreibung schließt das aus, denn sonst könnte das Kind den Anderen doch aus sich selbst ableiten. Es müsste sonst also an seiner *natürlichen* Ausstattung liegen, warum es sich schämen kann. Das würde wiederum bedeuten, dass die Wesen, mit denen es interagiert und kommuniziert, aufgrund ihrer *künstlichen* Ausstattung nicht *blicken* können – weil die Korrespondenz von Blick und Scham auf natürlichen Ausstattungen des blickenden und des sich schämenden Subjekts beruhen würde. Ihr Blick führt zu keiner totalen Metamorphose der Welt, weil er nichts anderes ist als ein Teil der objektiven Welt.

Künstliche Simulation von Subjektivität kommt also aus dem Bereich gegenständlicher Verobjektivierungen nicht heraus, sondern orientiert sich allein an ontischen Korrelaten intersubjektiver Begegnungen. Deshalb kann das Gedankenexperiment auch keinen Grund dafür anführen, warum beim Kind ein Schamgefühl ausgelöst werden könnte. Denn dazu müsste die Begegnung zwischen Roboter und Kind in ihrem Widerfahrenscharakter und im Modus der Anwesenheit mitsimuliert werden. Beide Kategorien sind jedoch unverfügbar: Weder kann der Widerfahrenscharakter garantiert werden noch die bleibende Anwesenheit des Anderen „gespeichert" werden. Daher können beide nicht durch die gegenständliche Simulation intersubjektiver Begegnungen *garantiert* werden.

Wenn ich hier das Wort „garantieren" betone, möchte ich unterstreichen, dass ich nicht ausschließe, dass Gott „aus Steinen Kinder erwecken" kann (Mt. 3,9) und dass der Widerfahrenscharakter intersubjektiver Begegnungen auch bei Maschinen auftreten kann. Was aber in der Simulationsthese

---

128 AaO, 488.
129 AaO, 485.
130 AaO, 471.

unterstellt wird, ist die Mutmaßung, dass Roboter diesen Widerfahrenscharakter selbst hervorbringen könnten – und dass sie folglich Gott spielen. Dafür haben sie jedoch nur objektive Korrelate zur Verfügung und können daher nicht Gott spielen, weil Gott in den Kategorien des Widerfahrens von Anwesenheit beschrieben werden muss.

Ein simulierter Widerfahrenscharakter wäre zudem ein realer Widerfahrenscharakter. Die Simulationsthese müsste also sich selbst übersteigen und schließlich behaupten, dass die Simulation von Subjektivität zur realen Subjektivität führt.

Das Gedankenexperiment legt daher eher nahe, dass das Kind keine Fähigkeit zur Scham besitzen wird und damit auch nicht den Roboter als Anderen anerkennt. Anstelle intersubjektiver Begegnungen werden die Beziehungen zwischen Kind und Maschinen eher als objektive Verschaltungen oder technische Konnektionen zu begreifen sein. Das Kind wird zum Cyborg. Und Äußerungen, die eine reziproke Anerkennung zwischen Kind und Maschine andeuten, sind objektive Beschreibungen ihrer Verschaltungen und technischen Angewiesenheit aufeinander.

Übrigens belegt das Phänomen des sogenannten „Overtrust", dass die Simulation misslingt. Unter Overtrust versteht man die empirisch belegte Bereitschaft, den Ratschlägen eines Computers trotz besseren Wissens in die Sachlage Vertrauen zu schenken, also etwa dem Navigationsgerät zu vertrauen, obwohl man weiß, dass es uns in die Sackgasse führt.[131] Zu diesem Phänomen gehört auch, dass sich Menschen leichter Computerprogrammen mit Sprachfunktion anvertrauen können als anderen Menschen, selbst wenn sie wissen, wie das Programm Intelligenz nur vortäuscht. Darin bestand die verblüffende Erkenntnis Joseph Weizenbaums mit seinem Programm ELIZA, das eine Psychotherapeutin simulierte.[132] Hier zeigt sich eine signifikante Schamabschwellung, die das Ergebnis des Turing-Tests umkehrt: KI simuliert kein Subjekt, weil sich Menschen nicht vor ihr schämen.[133]

---

131   J. Borenstein/A. Howard/A.R. Wagner: Pediatric Robotics and Ethics, 127, 132f.

132   Sektion 2.1.

133   L. Ohly: Schöpfungstheologie und Schöpfungsethik im biotechnologischen Zeitalter, 145f.

3.4 Die Differenz von erlebt und gemacht

Das Gedankenexperiment des Kindes in einer Roboter-Lebenswelt unterstützt zwar die Vermutung, dass Roboter keine Subjektivität *simulieren* können. Aber könnten sie nicht eines Tages Subjektivität besitzen, auch wenn Menschen sie nicht anerkennen? Und wie wäre ethisch damit umzugehen, dass sich Menschen im fremdpsychischen Status künstlicher Subjekte täuschen? Oder noch weiter gedacht: Könnten nicht sogar künstliche Wesen irgendwann Scham auslösen wie menschliche Subjekte? Dazu muss die Lebenswelt nicht völlig von Robotern durchsetzt sein wie im vorherigen Gedankenexperiment. Fraglich ist vielmehr hier, ob künstliche Subjekte, die in einer menschlichen Lebenswelt sozial integriert sind, mit bleibender Anwesenheit widerfahren können.

Subjektivität impliziert, dass Informationsprozesse wie Mustererkennungen oder andere Orientierungsfunktionen eines Wesens von diesem auch *erlebt* werden. Dabei geht es nicht so sehr um den Erlebnisgehalt als vielmehr um das Erleben dieses Erlebnisgehaltes. Du und ich können gerade Dasselbe erleben, etwa wenn wir uns gemeinsam einen Kinofilm ansehen. Aber wir erleben ihn dabei nicht gleich. Es ist auch nicht so, dass sich das Erleben des Erlebnisgehaltes aus den weiteren Erlebnisgehalten zusammensetzt, die wir außerdem noch erleben. So erlebe ich zwar, dass du rechts von mir sitzt, während du mich links von dir erlebst. Aber das jeweilige Erleben ergibt sich nicht aus der Summe unserer Erlebnisgehalte. Wenn ich mich fälschlicherweise morgen daran erinnere, dass ich heute während des Kinofilms rechts von dir gesessen habe, werde ich nicht dabei du oder nähere ich mich deinem Erleben in einem Erlebnisgehalt an. Vielmehr täusche ich mich über *mein* Erlebnis, anstatt deins zu haben.

Das Erleben von Erlebnissen hat einen Widerfahrenscharakter und ist kategorial verschieden von den Erlebnisgehalten. Wenn ich mich erlebe, dann widerfahre ich mir. Während ich vielleicht noch Gefühle unterdrücken mag, kann ich mein Erleben nicht unterdrücken. Es tritt unwillkürlich auf, ohne dass ich mich dazu entscheiden könnte, ein Erleben zu haben. Denn wenn ich es entscheiden könnte, müsste es mich ja bereits geben, also mein Erleben haben. Also kann ich mich nicht zu meinem Erleben entscheiden.

Wenn ich mein Erleben thematisiere, thematisiere ich den Widerfahrenscharakter, der ich bin. Ich thematisiere also meine Unverfügbarkeit für mich. Das ist der Grund, warum eine Theologie der Subjektivität entwickelt worden ist, die durch Friedrich Schleiermacher prominent geworden ist: Mein Ich ist „schlechthinnig abhängig" davon, da zu sein. Unter dem Begriff der „schlechthinnigen Abhängigkeit" thematisiert Schleiermacher das Gottesgefühl, nämlich das „*Woher* unseres empfänglichen und selbsttätigen Daseins."[134]

Bei künstlichen Wesen dominieren Daten die Informationsverarbeitung. Daten wiederum sind Gehalte und gehören zur Kategorie der Gegenständlichkeit im weiteren Sinn. Zwar können KI-Wesen Reflexionsebenen enthalten, die die Informationsverarbeitung ihrerseits kontrollieren und sich insofern „reflexiv" auf ihre Prozesse beziehen. In diesem Fall ist das Programm der Kontrolle mit dem kontrollierten Programm nicht identisch und muss auch nicht identifiziert werden. Selbst wenn aber das Kontrollprogramm diese Identifikation leisten will, so konstruiert es eine Identität, die weder objektiv besteht noch vom Kontrollprogramm allein dadurch „erlebt" wird, indem es diese Identifikation vornimmt. Denn eine solche Identifikationsleistung würde Subjektivität aktiv hervorbringen und daher etwas anderes sein, als was Menschen empfinden, wenn ihnen ihr Erleben passiv widerfährt. Ein KI-Wesen hat also weder den Bedarf noch Ressourcen für subjektives Erleben.

Thomas Metzinger vermutet zwar, dass bereits das menschliche Gehirn mehrere Repräsentationsmodelle der Informationsverarbeitung übereinander schaltet, wobei die Funktion des „Selbstmodells" darin besteht, diese Identifikation mit anderen Repräsentationsmodellen konstruktiv herzustellen.[135] Wenn solche kognitiven Operationen bereits das menschliche Selbstbewusstsein auslösen, so ist es prinzipiell denkbar, dass auch künstliche Systeme mit einer solchen relationales Modellstruktur Subjektivität hervorbringen. Allerdings trifft Metzingers Beschreibung allenfalls auf das *reflexive* Selbstbewusstsein zu, also auf das bewusste Nachdenken über das Erleben. Das Erleben selbst ist dagegen wesentlich aktuell und präsentiert die Aktualität mit. Für Metzinger sind solche „Präsentate"[136] nicht selbst

---

134 F. Schleiermacher: Der christliche Glaube Bd. 1, 28, Herv. F.S.
135 Th. Metzinger: Subjekt und Selbstmodell, 154.
136 AaO, 156f.

repräsentierbar.[137] Damit ist ausgeschlossen, über ein Selbstmodell Erleben auszulösen. Ein Selbstmodell kann höchstens reflexiv modellieren, was an Erleben aktuell widerfährt. Der Widerfahrenscharakter des Erlebens bleibt damit unverfügbar.

Das bedeutet, dass KI-Wesen das Widerfahren von Ereignissen oder von Informationen nicht als ihr *eigenes* Thema verhandeln können. Sie sind für den Widerfahrenscharakter von Ereignissen unempfänglich. Denn sie können zwar in Echtzeit registrieren, dass ein bestimmtes Ereignis aktuell eintritt. Sie müssten aber das Jetzt dieser Aktualität auch mit erfassen können, um es erleben zu können. Neben ihren Repräsentationsprozessen müssten ihnen also auch Präsentate gegeben sein. Präsentate aber können nicht durch Repräsentation oder durch Gehalte erzeugt werden. Es wäre vielmehr ein unableitbares göttliches Wunder, wenn sie plötzlich die Aktualität von Ereignissen erleben könnten.

Wenn ein Kind[138] als Fremdsprache Englisch lernt, wird es dabei nicht nur Gehalte wie die Grammatik oder Vokabeln erleben. Es wird vielmehr auch sein Lernen miterleben. Lernen aber besteht nicht nur aus Lerngehalten, sondern aus dem Widerfahren des Lernens. Das Kind erlebt, wie sich ein Sprachgefühl entwickelt, ohne dass das Kind klare Zäsuren dieses Gefühls mitbekommen hat. Als es gemerkt hat, dass die schwierige Vokabel jetzt endlich „sitzt", hat es die Vokabel bereits gelernt. Das Gelernthaben der Vokabel ist also eine andere „Information" als der Lerngehalt. Es lässt sich auch nicht von anderen Personen miterleben, denn diese können nur daran erkennen, dass die Vokabel gelernt wurde, dass das Kind die richtige Bedeutung nennen kann. Andere Personen erkennen also das Gelernthaben der Vokabel am Gehalt der Vokabel. Das Kind aber erlebt zudem das Lernen, nämlich den unbestimmten Übergang von der Unkenntnis zur Kenntnis der Vokabel, der nicht machbar ist, sondern auftritt. Und da er zu einem Zeitpunkt aufgetreten ist, den wir nur rückwirkend bemerken, aber nicht erzeugen können, trägt er einen Widerfahrenscharakter.

---

137 AaO, 66.
138 Zum Folgenden L. Ohly: Schöpfungstheologie und Schöpfungsethik im biotechnologischen Zeitalter, 148f. Das dort dargestellte Argument wird hier weitergeführt und präzisiert.

Nehmen wir nun zum Kontrast an, dass ein anderes Kind nicht in den Englischunterricht gehen muss, weil in sein Gehirn ein Englisch-Sprachchip eingebaut worden ist, der dem Kind ermöglicht, sich in Englisch zu verständigen. Dann wird es zwar verstehen, was es sagt und was andere ihm antworten. Es wird aber nicht verstehen, wie es versteht. Seine Englisch-Kommunikation beruht auf einem Reiz-Reaktions-Muster, zwar nicht in den Inhalten, aber in der Art und Weise, wie sie kommuniziert werden. Bestimmte gehörte englische Worte sind der Reiz, der als Input fungiert, auf den das Kind mit Hilfe des Sprachchips mit einem Output reagiert. Dieses Kind versteht nicht, wie es spricht. Es versteht nur seine Sprechgehalte. Wenn es sich fragt, wie es diese Kommunikation erlebt, so widerfährt sie ihm als etwas Fremdes.

Dieses Fremde ist nicht dieselbe Unverfügbarkeit wie das Erleben des Lernens beim ersten Kind, das ja auch eine Fremdheitserfahrung hat, sofern ihm sein Erleben widerfährt. Das zweite Kind mit dem Sprachchip könnte nämlich nicht an sich selbst nachvollziehen, wenn das erste Kind ihm vom Erleben seines Lernens erzählt. Dagegen kann das erste Kind mit Hilfe einer Übersetzungs-App auf dem Smartphone die Spracherfahrung des zweiten Kindes reproduzieren. Es kann nachvollziehen, dass es Gehalte kommunizieren kann, ohne dass es dabei versteht, wie es sie kommuniziert. Es versteht nur, dass es sie mit Hilfe eines fremden Tools kommuniziert. Die Fremdheit bezieht sich darauf, dass ihm eine bestimmte Technik widerfährt, die es nicht versteht. Um sie zu verstehen, müsste es *lernen*, wie genau diese Technik funktioniert, und ihre Gehalte verstehen.

Die Fremdheitserfahrung des ersten Kindes dagegen richtet sich darauf, dass ihm sein Erleben selbst widerfährt. Paradox ausgedrückt: Es versteht nicht, wie es lernt, wenn es verstanden hat, wie es zu lernen hat –, wie es also eine bestimmte Lerntechnik anwendet. Denn sein Lernen ist der Widerfahrenscharakter des Lernens und lässt sich nicht in Techniken oder Gehalte überführen.

Das zweite Kind mit dem Sprachchip kann zwar, weil es ein Subjekt ist, noch vieles erleben. Es erlebt dabei auch, dass es die Art und Weise der Fremdsprachenkommunikation nicht erlebt. Es erlebt zwar die Kommunikation, aber nicht, wie sie kommuniziert wird. Das erste Kind hat seine Fremdsprache angeeignet, dem zweiten bleibt sie fremd, gerade weil es sie ohne innere Beteiligung beherrscht. Was hier passiert, ist die Reduktion des Erlebens.

Je mehr die Aktivitäten eines Wesens von solchen automatischen Tools abhängen, desto weniger erlebt es, wie es sie aktiviert. Diese Aktivitäten werden dann vom Erleben dieser Aktivitäten unabhängig. Und diese Unabhängigkeit ist bei solchen Wesen komplettiert, deren Aktivitäten ausschließlich von solchen Tools abhängen. Bei Robotern oder KI-Wesen, die alle ihre Aktivitäten nach Algorithmen vollziehen, wird somit kein Prozess von einem Erleben dieser Wesen begleitet. Ihre Ausstattung lässt keinen Raum für subjektives Erleben.

Damit behaupte ich einerseits, dass die Bestimmung menschlicher Subjektivität nicht nur von seiner objektiven Ausstattung abhängt, sondern dass das Subjekt sich auch widerfährt. Andererseits kann die objektive Ausstattung ausreichen, warum ein Wesen *kein* Subjekt ist. Allenfalls eine wundersame Erweckung von Subjektivität aus dem Nichts wäre hier denkbar, aber keine, die sich aus logischen Schlussfolgerungen zwingend ergibt.

Mit diesem Argument könnte der Eindruck entstehen, dass ich im Hinblick auf die Entstehung von Subjektivität einen Supranaturalismus vertrete. Denn wenn objektive Ausstattungen nicht hinreichen, um ein Subjekt entstehen zu lassen, sondern stets ein göttlicher Eingriff dafür nötig ist, dann wird hier eine Theorie des Übernatürlichen eingebracht.

Darauf antworte ich mit der Rückfrage, was denn Supranaturalismus bedeutet. Wenn er bedeutet, dass nicht die gesamte Realität mit der Kategorie der Gegenständlichkeit beschrieben werden kann, ist Supranaturalismus unvermeidbar. Wenn aber Supranaturalismus meint, dass ein theistischer Gott neue Subjekte wie ein Konstrukteur erschafft, ist meine Argumentation nicht supranaturalistisch. Zwischen Machen/Bauen und Widerfahren besteht ein kategorialer Unterschied. Gott „handelt" nicht, wenn Subjekte entstehen. Sie werden nicht gemacht, sondern sie *werden*. Mein Modell von Subjektivität verträgt sich mit einer *evolutionstheoretischen* Beschreibung der Entwicklung des Lebens: Was sich entwickelt hat, lässt sich *rückwirkend kausal* erklären. Aber es lässt sich nicht antizipieren, indem man die objektiven Ausgangsbedingungen hinreichend beschreibt. Wird diese evolutionstheoretische Betrachtungsweise zugrunde gelegt, so wird verständlich, warum Roboter oder KI-Wesen nicht aufgrund ihrer objektiven Ausstattung Subjekte sind. Vielmehr müsste die Erklärungsrichtung umgekehrt verlaufen: *Sobald* künstliche Wesen Subjekte sind, lassen sich die objektiven Bedingungen *rückwirkend* bestimmen.

Robotik und KI gehen aber die kausale Erklärungsrichtung nach vorn. Ingenieure und Informatiker entwickeln Modelle, um eine bestimmte Wirkung zu erreichen. Ihre Herangehensweise kann dabei die Perspektive der objektiven Ausstattung nicht verlassen und somit nicht in die Perspektive der Subjektivität überführen.

In abgewandelter Form kann Catrin Misselhorns Einwand[139] gegen künstliche Subjekte erneuert werden, den ich zu Anfang dieses Kapitels erwähnt hatte. Das Problem ist nicht, wie Misselhorn meint, dass eine evolutionstheoretische Sicht Jahrmillionen benötigt, um künstliche Subjekte sich entwickeln zu lassen. Denn auch mit diesem Einwand wird Evolution als eine Technik objektiver Ausstattungen missverstanden, nämlich so, als ob Evolution eine Art Apparat sei, den man nur lange genug laufen lassen muss. Das Problem ist vielmehr, dass Evolution Platzhalter für die Unverfügbarkeit der Entstehung von Subjektivität ist und damit die Kategorie der Gegenständlichkeit als Erklärung für Subjektivität übersteigen muss.

Ändert sich am Befund etwas, wenn KI nicht durch klar definierte Algorithmen bestimmt ist, sondern wenn die Programme selbstlernende Systeme sind? In diesem Fall entfällt das Argument, dass sie ihre Fähigkeiten nicht als ihre eigenen erleben können. Denn da sie „lernen", könnten sie ihr Lernen erleben.

Nun kann man fragen, was „Lernen" hier bedeutet. KI-Systeme „lernen" durch eine Trainingsphase, in der sie eine Aufgabe zu erfüllen haben und sie durch permanentes Durchrechnen von Varianten eigene Algorithmen entwickeln. In der Regel sind ihre Ziele von Programmierern vorgegeben, etwa Schach zu spielen oder menschliche Gesichtsausdrücke zu erkennen. Aber die Muster, die sie wiedererkennen, entwickeln sie selbst. Es handelt sich bei „selbstlernenden Systemen" also um Strategien, mit Hilfe statistischer Erfolgswahrscheinlichkeiten eine Aufgabe zu erfüllen. Es ist davon auszugehen, dass sich diese Form des Lernens vom menschlichen Lernen fundamental unterscheidet: Denn selbstlernende Musterbeschreibung und -erkennung setzen eine hohe Menge von Daten voraus, die vom System verglichen und bewertet worden sind. Eine solche Datenmenge steht Kindern nicht zur Verfügung, wenn sie das Gesicht ihrer Mutter erkennen oder

---

139 C. Misselhorn: Grundfragen der Maschinenethik, 213.

lernen zu krabbeln.[140] Menschliches Lernen ist etwas anderes als Mustererkennung und noch einmal etwas anderes als die Anpassung der Regeln für die Mustererkennung an die bisherigen Datenauswertungen. Daher kann bei KI allenfalls in einem metaphorischen Sinn von „Lernen" gesprochen werden. Es handelt sich eher um Anpassungsleistungen, von denen Lernen – wenn man so will – ein spezifischer Fall ist.

Nun ist auch Evolution eine Anpassung von Arten an ihre Umwelt. Wenn nun meine Position richtig ist, dass Evolution im Kontext der Rede künstlicher Subjekte ein Ausdruck für die Unverfügbarkeit von Subjektivität ist, könnte die Anpassung selbstlernender Systeme schließlich doch dazu führen, dass sie ihr Lernen erleben.

Ich schließe eine solche evolutionäre Entwicklung nicht aus, würde dann aber nicht von *künstlicher* Evolution sprechen, genauso wenig wie eine *natürliche* Evolution schon hinreicht, um Subjekte hervorzubringen. Subjektivität beruht vielmehr auf einem Widerfahrenscharakter. Wenn sich eines Tages künstliche Subjekte evolutionär entwickelt haben werden, so werden nicht Ingenieure oder Informatiker das erreicht haben, sondern das Widerfahren eines Spezialfalls von Evolution.

Allerdings bleibt auch dann noch das Problem, dass künstliche Subjekte im Gegensatz zu natürlichen Subjekten an- und ausgeschaltet werden können. Der Modus des An- und Ausschaltens spricht für eine Nicht-Permanenz des Werdens (zum Beispiel des Lernens bei selbstlernenden Systemen) und damit gegen ihre Subjekthaftigkeit: Dadurch entfällt die phänomenale Basis für uns, sie als Fremdpsychisches wahrzunehmen, zumindest nicht als Unseresgleichen, als Subjekt *wie wir*: Subjektivität würde dort etwas anderes bedeuten, ein rudimentäres Erleben von Erlebnissen. Selbstlernende Systeme wären erst dann als Subjekte *wie wir* wahrnehmbar, wenn sie permanente Subjekte sind.

Zwar kann man auch Menschen, etwa bei einer Herzoperation, für einen Moment „ausschalten", wobei ein Ausfall des Gehirns nicht möglich ist, ohne die Patientin zu töten. Der grundsätzliche Unterschied zu künstlichen Systemen besteht dagegen darin, dass bei letzteren die Abschaltfunktion üblich ist, während sie beim Menschen nur einen partiellen Ausnahmefall

---

140 C. Misselhorn: Grundfragen der Maschinenethik, 24.

70

darstellt. Selbst wenn ein künstliches System künftig keine Abschaltfunktion besitzen sollte, ist seine „Überlebensfähigkeit" stark abhängig von der Stromversorgung. Gegenwärtig zeigt sich darin etwa beim Drohnenflug die größte Hürde eines effektiven Einsatzes über längere Distanzen. Aber selbst wenn sich ein künstliches Subjekt mit Hilfe regenerativer Energien selbst aufladen könnte, so lässt sich doch seine „Akku-Laufzeit" chemisch klar berechnen, während ein natürliches Subjekt ohne Nahrungszufuhr auf *unbestimmte* Zeit überleben kann. Ich möchte damit nicht sagen, dass die Permanenz menschlicher Subjekte von dieser Unbestimmtheit abhängt. Vielmehr besteht sie ja gerade darin, dass auch der abwesende und sogar verstorbene Mensch als permanentes Fremdsubjekt widerfahren kann. Wieder argumentiere ich umgekehrt, nämlich dass die objektive Ausstattung mancher Wesen ihre Subjekthaftigkeit ausschließt: Die Nicht-Permanenz künstlicher Subjekte zeigt sich in der klaren Bestimmung ihrer Laufzeit, also in ihrer objektiv bestimmten Ausstattung.

Zusammengefasst, können künstliche Subjekte deshalb nicht entstehen, weil ihre Informationsverarbeitung etwas *Gemachtes* ist, während subjektives Erleben ein *Werden* ist. Wenn aber Subjektivität und Gemachtes sich ausschließen, die Struktur künstlicher Intelligenz aber eine gemachte ist, ist Selbst-Lernen ein Lernen ohne Subjekt. Künstliche Subjekte müssten ihrem Gemacht-Sein so entwachsen sein, dass sie schließlich *ihre Programme* selber schreiben und nicht nur ihre Anwendung nach einer selbst generierten Mustererkennung vollziehen – bzw. so, dass die Differenz zwischen Programmierung und Anwendung verwischt. In diesem Fall verwischt auch die Differenz zwischen Machen und Werden: Die Eigenaktivität des künstlichen Systems ist dann zugleich ein Werden.

Aber selbst wenn ein künstliches System seinen gemachten Bedingungen entwachsen kann, bleibt immer noch das Problem der Nicht-Permanenz.

3.5 Ergebnis

In diesem Kapitel habe ich über verschiedene komplementäre Argumente Gründe vorgetragen, warum Computer oder Roboter keine künstlichen Subjekte sind und nicht sein können. Erst wenn sie ihrer Künstlichkeit entwachsen und dann auch nicht mehr gemachte Wesen sind, können sich aus künstlichen Systemen Subjekte entwickeln. Eine solche Entdeckung bedarf aber anderer Kriterien als der objektiven Ausstattung oder informationstheoretischer Komplexitäten. Man muss vielmehr andere Kategorien heranziehen. Subjektivität ist ein Erleben und damit ein Spezialfall des Widerfahrens von Ereignissen. Dieser Widerfahrenscharakter lässt sich nicht auf Gegenständliches reduzieren.

Beim Fremdpsychischen kommt zum Widerfahrenscharakter des Anderen noch die Kategorie seiner Anwesenheit dazu. Aber auch der Widerfahrenscharakter des Erlebens besitzt eine Anwesenheit, nämlich in Form der Evidenz des Cogito: „Ich denke, also bin ich." Zumindest phänomenal ist dieses Ich-Erleben unhintergehbar.[141] Versteht man Evidenz als eine Erkenntnis, von der wir uns nicht distanzieren können, so ist Anwesenheit diese Nicht-Distanz selbst.[142]

Kurz zusammengefasst, sind künstliche Wesen durch ihre objektive Ausstattung definiert und haben daher keinen eigenen Zugang, in ein Verhältnis dieser Nicht-Distanz zu sich zu treten, noch können sie sich erleben. Darüber hinaus können sie auch nicht konsequent Subjektivität simulieren, weil sie in unserer Wahrnehmung von ihrer objektiven Ausstattung immer wieder eingeholt werden. Sie sind allenfalls „nicht-permanente" und *damit* keine Subjekte.

---

141 Th. Metzinger: Subjekt und Selbstmodell, 154. Ders.: Ganzheit, Homogenität und Zeitcodierung, 628.
142 L. Ohly: Schöpfungstheologie und Schöpfungsethik im biotechnologischen Zeitalter, 77.

4. Für eine kategoriale Verwendung des Statusbegriffs[143]

4.1 Das Ziel von Statusfragen

In der ethischen Diskussion um Künstliche Intelligenz werden weitgehend Statusfragen gestellt: Welchen Status hat Intelligenz, und das wiederum für den moralischen Status des Menschen? Und erfüllt Künstliche Intelligenz denselben Status, so dass künstliche intelligente Wesen ebenso als moralische Subjekte anerkannt werden müsste wie Menschen?

Nun gibt es durchaus kritische Stimmen, ethische Probleme mit Statusbestimmungen lösen zu wollen. Zum einen besteht der moralische Status des Menschen nicht einfach. Vielmehr ist er geworden. Damit wird fraglich, ob er seinen gesamten Werdeprozess umfasst. Dadurch könnte es sein, dass er sich mit Statusbestimmungen weniger schützen lässt als durch andere ethische Maßstäbe.[144] So könnte sich etwa herausstellen, dass intelligente Maschinen dem Status eines erwachsenen Menschen näher sind als Embryonen, Kleinkinder und demente Menschen.

Zum anderen stehen Statusbestimmungen unter dem Verdacht moralischer Vorurteilsbehaftung. Wie sich etwa in der Diskussion um Tierrechte zeigt, werden Statusbestimmungen des Menschen dafür instrumentalisiert, um die Tötung und Quälerei von Tieren zu rechtfertigen. Dafür werden zirkuläre Verweise benutzt: Um den Status des Menschen vom Tier abzugrenzen, wird bereits vorausgesetzt, dass der Mensch einen schützenswerten Status hat. Das läuft darauf hinaus, dass der Status des Menschen darin besteht, dass er ein Mensch ist, und dass alle nicht-menschlichen Kreaturen *deshalb* durch das Kriterium durchfallen, das den Status begründet (Speziesismus).[145] Ob der Status eines Wesens aber bereits den spezifischen

---

143 L. Ohly: Für eine kategoriale Verwendung des Statusbegriffs, 29–37.

144 L. Ohly: Konkrete Embryonen und konkrete Menschen – Kripkes Tipps zur Vermeidung einer Irritation, 277.

145 E. Pluhar: Gibt es einen moralisch relevanten Unterschied zwischen menschlichen und tierlichen Nicht-Personen? 120. G.L. Francione: Empfindungsfähigkeit, ernst genommen, 154.

ethischen Umgang mit ihm festlegt, ist damit ebenso wenig entschieden wie die Frage, ob Statusbestimmungen ethisch nur auf die inkludierende Funktion zu beschränken sind (Alle Wesen mit dem gleichen Status haben gleiche Rechte)[146] oder auch exkludierende Funktion haben sollten (Alle Wesen mit einem anderen Status haben diese Rechte nicht).

Statusfragen müssen aber nicht eo ipso diskriminierend sein, nur weil sie Differenzkriterien zwischen unterschiedlichen Wesen bestimmen. Genauso wenig muss die Statusbestimmung des Menschen dazu führen, Respekt für den Status anderer Wesen zu entziehen. Vielmehr kann die Statusbestimmung ein *vormoralisch* basaler Ausdruck dafür sein, sich selbst besser verstehen zu wollen. Wenn Maschinen intelligent werden, wird dadurch das menschliche Selbstverständnis berührt. Das Problem der Zirkularität lässt sich dabei lösen, wenn der Prozess des Sich-selbst-Verstehens als hermeneutischer und nicht logisch vitiöser Zirkel betrachtet wird: Der Status des Menschen wird nicht bestimmt, um dessen moralische oder gar schöpfungstheologische Sonderstellung zu sichern – was logisch zirkulär voraussetzen würde, was bestimmt werden soll, nämlich dass der Mensch diese Sonderstellung hat. Vielmehr geht die Konfrontation mit Künstlicher Intelligenz ins Selbstverständnis des Menschen ein, der nicht anders kann als sich zu verstehen.[147]

Meine folgenden Überlegungen haben dieses Ziel, am Selbstverständnis des Menschen mitzuwirken. Sie verfolgen nicht das Interesse, den Menschen als Krone der Schöpfung auszuzeichnen oder umgekehrt Wesen mit Künstlicher Intelligenz als Bedrohung des Menschen zu charakterisieren. Unterschiedliche Arten von Wesen mit Intelligenz können miteinander kooperieren, konkurrieren oder auch in separaten Räumen koexistieren. Welche Formen des Mit- und Nebeneinanders wünschenswert sind, setzt allerdings eine, wenn auch vorläufige, Klärung des Selbstverständnisses des Menschen voraus. Unter diesem Blickwinkel können Statusbestimmungen hilfreiche Grundlagen für eine Ethik der Beziehungen von Mensch und Maschine sein. Ebenso wie Statusbestimmungen daher einen vormoralischen hermeneutischen Prozess anleiten, sind die folgenden Beobachtungen metaethisch grundiert.

---

146 J. Fischer: Verstehen statt Begründen, 80.
147 E. Herms: Systematische Theologie Bd. 1, 40.

Ich werde untersuchen, unter welchen Perspektiven Statusbestimmungen vorgenommen werden können und welche Perspektive dabei dem menschlichen Selbstverständnis am ehesten gerecht wird.

In diesem Kapitel lasse ich die Diskussion um künstliche *Subjekte* hinter mir. Stattdessen frage ich danach, welchen Status künstliche Wesen haben können, die keine Subjekte sind, jedoch teilweise eine höhere „Intelligenz" als Menschen besitzen und auch in Begegnung mit Menschen zwar als „nicht-permanente Subjekte", aber doch als Partner erlebt werden. Oder anders: Ich diskutiere nicht die Hochstufung des künstlichen Wesens zum Subjekt, sondern umgekehrt die drohende Herabstufung des Menschen zum Medium. Die innerkirchliche Diskussion aus dem Jahr 2017 zur Frage, ob Roboter segnen können, scheint exemplarisch diese Reduktion anzubahnen, dass es keine Unmittelbarkeit gibt und dass folglich auch zwischenmenschliche Begegnungen vermittelt sind. Doch wenn in einer Face-to-Face-Begegnung keine Schrift- oder symbolische Zeichen vermitteln, so scheinen die sich begegnenden Menschen selbst Medien zu sein.[148] Wenn dann schließlich „alles Medium" ist, weil es keine Unmittelbarkeit gibt, ist dann nicht der Status des Menschen prinzipiell dem Status künstlicher Wesen ähnlich?

4.2 Perspektiven der Statusbestimmung

Statusdiskussionen schwanken dazwischen, entweder Differenzen verschiedener Wesen hervorzuheben oder sie umgekehrt zu nivellieren, um eine Gleichheit der Ungleichen zu behaupten. Gleichgültig welches Interesse vorherrscht, können Statusbestimmungen auf drei verschiedenen Ebenen vorgenommen werden. Die Entscheidung, welche Ebene man heranzieht, verrät bereits etwas über das Statusverständnis, also die Leitperspektive, unter der man eine Statusbestimmung für aussagekräftig hält. Unterschiedliche Auffassungen über den Status eines Wesens müssen nicht nur bedeuten, dass man die Differenzen zwischen verschiedenen Wesen anders einschätzt, sondern können auch darauf beruhen, dass man verschiedene Leitperspektiven auf den Vergleich anlegt – sprich: dass man sich kategorial unterscheidet.

---

148 I. Nord: Realitäten des Glaubens, 18, 83.

So kann man *erstens* die Differenz zwischen zwei Wesen graduell zu bestimmen versuchen. Hierzu gehört etwa die Äußerung: „Maschinen ... werden personaler."[149] In diesem Satz wird Personalität zum Differenzkriterium erhoben, das aber *mehr oder weniger* vorliegen kann. Ein solcher Satz unterstellt, dass Maschinen sich immer stärker an den Menschen angleichen lassen, wenn man nur ihre personalen Eigenschaften graduell weiter entwickelt.

Dagegen werden *zweitens* Differenzkriterien qualitativ bestimmt, wenn das Vorliegen oder Nichtvorliegen von Eigenschaften über den Status entscheidet. Kein Mehr oder Weniger, sondern ein Ja oder Nein entscheidet über den Status. Wäre Personalität ein solches Differenzkriterium, das über den Status eines Wesens entscheidet, so ließe es sich für diese Statusbestimmung nicht steigern. Vielmehr müsste es einfach nur vorliegen. Selbst wenn Eigenschaften mehr oder weniger ausgeprägt sein können, wäre allein entscheidend, dass sie überhaupt vorliegen, um den Status eines Wesens zu bestimmen. Aus dieser Perspektive müsste man Maschinen also bereits den Status der Person verleihen, wenn sie „personaler" sind, aber auch dann, wenn sie „weniger personal" sind. Nicht der Grad entscheidet hier, sondern die Qualität.

Zur qualitativen Statusbestimmung gehört etwa Christian Grethleins Differenzkriterium der Biografie[150], die Menschen haben, aber keine Maschinen.[151] Ebenso hat Dirk Evers auf die Qualität der Selbstdistanz hingewiesen, die Personen von Maschinen unterscheidet.[152] Umgekehrt kann man auch mit Hilfe der qualitativen Perspektive den Status verschiedener Wesen anzugleichen versuchen. Menschliche Eigenschaften können als „biometrische Merkmale" digital angeglichen werden.[153] Ebenso ist es mit repräsentationstheoretischen Angleichungsversuchen, die zwischen Intelligenz und ihrer Simulation („Selbstlernende Maschinen") nicht unterscheiden.[154]

---

149 V. Jung: Segensroboter? 8.
150 Chr. Grethlein: Mediatisierung von Religion und Religiosität, 373.
151 Chr. Grethlein: Benedictio ex machina, 23.
152 D. Evers: Ein Roboter ist ein Roboter ist ein…, 25.
153 A. Nusselder: Interface Fantasy, 72f.
154 Sektion 3.3.

Schließlich zeigte sich an der Diskussion um den Segensroboter BlessU-2[155] wiederholt der Versuch, zwischen dem Status menschlichen und maschinellen Segens eine Gleichheit festzustellen, weil beide angeblich „Medien" seien. Die Behauptung: „Alles ist Medium" liegt auf der Ebene qualitativer Statusbestimmungen. Wenn sie wahr ist, wird der Statusunterschied zwischen Mensch und Maschine auf qualitativer Ebene nivelliert. Man muss dann auf eine andere Ebene springen, um noch einen Statusunterschied zu finden. Dies könnte die erste Ebene sein – etwa wenn man behauptet, der Mensch könne graduell erfolgreicher medial kommunizieren als Maschinen – oder die dritte:

Denn die *dritte* Perspektive bestimmt den Status zwischen verschiedenen Wesen kategorial unterschiedlich. Im Gegensatz zu qualitativ Unterschiedlichem kann kategorial Unvergleichliches an ein und demselben Wesen zugleich auftreten. Aber kategorial Unterschiedliches lässt sich nicht vergleichen. Nach dieser dritten Perspektive können zwei verschiedene Wesen qualitativ gleich sein und zugleich unterschiedlich, weil sie zusätzlich unterschiedliche kategoriale Perspektiven erfordern, um sie zu verstehen.

Es wird auffallen, dass die drei genannten Perspektiven selbst unterschiedliche Kategorien sind und sich deshalb nicht vergleichen lassen. Der Satz „Es ist besser, eine Person zu sein als personaler" ist sinnlos, weil er eine Qualität (Personalität) mit einem Grad (personaler) vergleicht. Genauso sinnlos ist ein Satz, der Quantitäten mit Kategorien („Personalität zu besitzen, hat einen anderen Status als zwei Personen"[156]) oder Qualitäten mit

---

155 Für die im Haupttext geführte Argumentation kann im Moment vernachlässigt werden, dass BlessU2 weder eine künstliche Intelligenz besitzt noch im technikphilosophischen Sinne ein Roboter ist. Zu den Kennzeichen von Robotern s. A. Foerst: Von Robotern, Mensch und Gott, 20. Ferner B. Irrgang: Posthumanes Menschsein? 26.

156 Das ist der Grund, warum das sogenannte Trolley-Problem kein Einwand gegen die Menschenwürde ist. Beim Trolley-Problem handelt es sich um das Gedankenexperiment, dass ein Zug auf eine *Menschenmenge* rast, aber ein Handlungssubjekt die Möglichkeit hat, eine Weiche zu betätigen, die den Zug umleitet, wobei dann *eine* Person überfahren werden würde. Wenn es ethisch gerechtfertigt ist, die Person zu töten, um die Menschenmenge zu retten, heißt das nicht, dass zwei Menschen doppelt so viel Menschenwürde haben wie einer. Denn sonst würde die kategoriale Bestimmung der Menschenwürde mit einer quantitativen Bestimmung verwechselt.

Kategorien vergleicht („Eine Person zu sein, ist eine andere Eigenschaft als der Ort, an dem sie sich befindet"). Vielmehr können in ein und demselben Wesen alle drei Kategorien der Quantität, der Qualität und der Kategorie zugleich bedeutsam sein, ohne sich gegenseitig auszuschließen.

Während der Computerwissenschaftler Joachim Hertzberg auf qualitativer Ebene funktionale Äquivalenzen zwischen menschlicher und künstlicher Intelligenz feststellen kann[157], beharrt er zugleich darauf, dass Menschen Menschen sind und Maschinen Maschinen. Das Rückzugsgefecht des menschlichen Selbstverständnisses beruhe auf dem Stolz, „daß der Mensch etwas kann, was sonst niemand, was insbesondere keine Maschine kann."[158] Seine Konsequenz: „Dann sind Wert und Stolz immer wieder aufs neue gefährdet."[159] Deshalb empfiehlt er: „Könnte der Wert und Stolz des Menschen nicht einfach darin liegen, ein Mensch zu sein?"[160] Interessanterweise bestimmt er dieses Sein des Menschen nicht nur nicht in Abgrenzung von anderen Wesen, sondern überhaupt nicht. Hätte er sich nämlich auf Eigenschaften bezogen, könnten bei Maschinen funktionale Äquivalenzen erreicht werden. Was den Menschen zum Menschen macht, dafür fehlen daher qualitative Beschreibungsmöglichkeiten. Das könnte darauf hinweisen, dass die Differenz zwischen Mensch und Maschine nicht qualitativ, sondern kategorial ist.

Sören Kierkegaard hat einen solchen kategorialen Unterschied bei der Bestimmung des Menschen beschrieben: „Der Mensch ist Geist. Aber was ist Geist? Geist ist das Selbst. Aber was ist das Selbst? Das Selbst ist ein Verhältnis, das sich zu sich selbst verhält."[161] Das Selbstverhältnis ist etwas kategorial anderes als das Verhältnis, zu dem sich das Selbstverhältnis verhält – und zwar auch dann, wenn es qualitativ dasselbe ist und sich das Selbstverhältnis zu sich selbst und nicht zu etwas anderem verhält. Denn das Selbstverhältnis, das sich zu sich verhält, ist ein Vollzug, das Selbstverhältnis hingegen, zu dem sich das Selbstverhältnis verhält, ein Objekt. Zudem liegt

---

157   J. Hertzberg: Künstliche Intelligenz – Was Maschinen (derzeit) können und was nicht, 15.
158   AaO, 17.
159   Ebd.
160   J. Hertzberg: Künstliche Intelligenz aaO, 18.
161   S. Kierkegaard: Die Krankheit zum Tode, 13.

das Verhältnis zu einem Verhältnis auf einer kategorial anderen Ebene als das Verhältnis zu einem Objekt, weshalb sie sich nicht vergleichen lassen. Zum Vergleich: Die Ehe ist ein Verhältnis der Eheleute. Das Verhältnis zweier Ehen zueinander lässt sich aber nicht mit dem Verhältnis der einen Ehe vergleichen. Es wäre sinnlos zu sagen, dass das Verhältnis zweier Ehen besser oder doppelt so gut sei als das Verhältnis einer Ehe.[162] Genauso muss man kategorial unterscheiden zwischen dem Verhältnis des Selbst und dem Sich-Verhalten zu diesem Verhältnis.

Nun kann man einwenden, dass sich Maschinen auch zum Selben verhalten können, weil man ansonsten voraussetzt, dass menschliche Selbste wüssten, welches Selbstverhältnis Maschinen haben. Dieser Einwand mag Kierkegaard treffen, aber dabei akzeptiert der Einwand die kategoriale Betrachtungsweise, die auch Kierkegaard einnimmt: Ob es einen Unterschied zwischen Mensch und Maschine gibt und worin er bestehen könnte, wird dann in der Perspektive kategorialer Differenzen diskutiert.

Ich halte die kategoriale Perspektive für Statusbestimmungen für weiterführend und glaube, dass sie hinter den Konflikten um das Verhältnis von Mensch und Maschine steht. Im Folgenden möchte ich zeigen, dass drei Kategorien bei solchen Diskussionen um Statusbestimmungen herangezogen werden – nun aber weniger die Kategorien Quantität, Qualität und Kategorie, sondern die gleichen Kategorien, die sich auch in der religiösen Rede von Gott rekonstruieren lassen: *Widerfahren, Gegenständlichkeit und Anwesenheit*.

4.3 Die Kategorien des Widerfahrens, des Gegenständlichen und der Anwesenheit

Die drei Kategorien möchte ich an einem Beispiel aufzeigen, das der Praktische Theologe Christian Grethlein in der Diskussion um KI zitiert.[163] Eine suizidgefährdete Frau entschied sich in ihrer verzweifelten Situation spontan zu einem Gottesdienstbesuch und erlebte beim Segen des Pfarrers einen „Lichtblitz". „Auf einmal sei ein ganz tiefer Friede in ihr eingekehrt, das Gefühl, daß ihr eigentlich doch nichts passieren könne." Sie bat den Pfarrer

---

162 Allenfalls können sich manche Ehepartner mit Ehepartnern einer anderen Ehe besser verstehen als mit der eigenen Ehepartnerin.
163 Chr. Grethlein: Benedictio ex machina, 19.

79

darum, „die wenigen Worte, die sie so getroffen haben", aufzuschreiben, damit „sie besser mit ihren Schwierigkeiten würde umgehen können, wenn sie sich diese Worte ins Gedächtnis riefe."

Nachdem ich an diesem Beispiel die drei relevanten Kategorien rekonstruiert habe, wende ich sie für die Statusdifferenz zwischen Mensch und Maschine an.

Der Lichtblitz war wohl kein optisches Signal. Vielmehr steht diese Metapher dafür, dass etwas in die Glieder der Frau gefahren ist – und auch mit dieser Erläuterung ist kein Gegenstand gemeint, der ihr buchstäblich in die Glieder fuhr. Wenn einem Menschen etwas in die Glieder fährt, so wird der Leib eng.[164] Manche spüren einen Druck auf dem Herzen, andere einen flauen Magen oder schwere Beine, ein Kribbeln irgendwo. Und wieder andere können nicht konkret beschreiben, welche Körperteile davon betroffen sind. Anscheinend können Metaphern diesen Moment genauer beschreiben als Begriffe. Das Wort „Lichtblitz" scheint für die Frau die passende Metapher für dieses „*Widerfahren*" sein: Es ist nichts Genaues, nichts begrifflich Passendes, was in ihre Glieder fährt. Das Widerfahren selbst ist es, was sie trifft. Ihre metaphorische Wortwahl zeigt an, dass sie auch keinen begrifflich bestimmten Gegenstand erlebt hat, der in sie fuhr. Das Widerfahren ist etwas kategorial anderes als ein Gegenstand. Selbst wenn Neurowissenschaftler ein neuronales Korrelat für dieses Erlebnis ausmachen können, würde die Frau nicht sagen, dass es dieser Gegenstand als Korrelat war, der sie traf.

Eine gegenständliche Erfahrung hat sie dennoch gehabt und sie bringt ihre Erfahrung auch mit *Gegenständen* in Verbindung: Sie wurde ja bei der Körperhaltung des Pfarrers während des Segens vom „Lichtblitz" getroffen. Wäre der Lichtblitz aber ein Gegenstand, der beim Segen ausgelöst wird, so müsste die Frau jedes Mal wieder davon getroffen werden, wenn sie an den Folgesonntagen den Segen des Pfarrers erfährt. Tatsächlich aber muss sich beim nächsten Mal nichts in der Frau ereignen. Vielmehr könnte sie enttäuscht sein, wenn sich am nächsten Sonntag nichts bei ihr bewegt. Zwischen der gegenständlichen Gestalt des Segens und dem Widerfahren des „Lichtblitzes" besteht zwar eine Beziehung; dennoch sind beide kategorial verschieden.

---

164 H. Schmitz: Der unerschöpfliche Gegenstand, 50.

Das Blatt Papier, auf das der Pfarrer den Segen schreibt, möchte sie bei Gelegenheit wieder hervorholen. Dabei ist das Papierstück selbst ein Gegenstand, aber es steht für etwas anderes, nämlich für den „Lichtblitz", der die Frau an jenem Morgen getroffen hat. Vielleicht wird sich bei ihr dieser Lichtblitz wiederholen, wenn sie sich das Papierstück herausholt – garantiert ist es aber ebenso wenig wie die Segenshaltung des Pfarrers an einem der Folgesonntage. Wenn sich jedoch diese Erfahrung wiederholt und ähnliche Körperreflexe in die Frau fahren, so hält das Papierstück die *Anwesenheit* des vergangenen Moments. Zwar ist dieser Moment nicht auf dem Blatt „gespeichert", denn dazu müsste er ein Gegenstand sein ebenso wie der Speicher. Dennoch kann er vom Blatt ausgelöst werden.

Es ist die Kraft der Medien, die Anwesenheit von Abwesendem vermitteln zu können: Durch sie kann ein Moment ausgelöst werden, der sich nicht auf dem Medium befindet und in seinem Widerfahrenscharakter bereits vergangen ist. Dazu sind Medien nur fähig, wenn Anwesenheit etwas anderes als gegenständlich Anwesendes. Anwesenheit ist daher eine eigene Kategorie.

Grethleins Erzählung bekommt ihre Plausibilität dadurch, dass sie mit drei Kategorien zugleich betrachtet wird:

1. dem *Widerfahrenscharakter* („Lichtblitz"),
2. der medial in bestimmten *Gegenständen* vermittelt (Segensgeste, Pfarrer, Blatt Papier)
3. und aufgrund seiner *Anwesenheit* erneut auftreten kann, auch wenn die Gegenstände abwesend sind, die ihn ursprünglich vermittelt haben.

Ich sehe in diesen drei Kategorien die philosophische Parallele zur Trinität Gottes[165]:

1. Der Widerfahrenscharakter ereignet sich ohne kausale Bedingungen, sondern tritt „aus dem Nichts" hervor, ebenso wie im christlichen Glauben die freie Schöpferkraft Gottes des Vaters dargestellt wird.
2. Dieses Widerfahren Gottes ereignet sich aber unter gegenständlichen und medialen Bedingungen, so dass im Glauben der Mensch als Gottes Ebenbild und Jesus Christus als das wahre Ebenbild Gottes (Gott der Sohn) bekannt wird.

---

165 L. Ohly: Warum Menschen von Gott reden, 60.

3. Dabei ist charakteristisch, dass der Heilige Geist gerade dadurch wirksam wird, dass Christus abwesend wird. Die Anwesenheit Gottes legt sich nicht auf mediale Formen gegenständlicher Art fest, sondern unterscheidet sich kategorial von ihr.[166]

Eine und dieselbe Situation lässt sich mit allen drei Kategorien beschreiben: Die Frau hat ein Widerfahrenserlebnis (1) beim Segen (2) mit bleibender Anwesenheit (3). Der Segen ist also unzureichend beschrieben, wenn er nur unter medialen Aspekten betrachtet wird. Denn dabei werden der Widerfahrenscharakter des Segens und seine Anwesenheit übersehen.

Es scheint nun, dass ein Segensroboter gerade deshalb einen anderen Status hat als ein segnender Pfarrer, weil er kategorial unterbestimmt wird, nämlich nur als Medium des Segens unter der Kategorie der Gegenständlichkeit. Die kategoriale Gesamtstruktur wird dabei ausgeblendet, wenn etwa behauptet wird, dass alles Medium sei. Die Zusammenschau der Situation mit den drei angegebenen Kategorien macht jedenfalls beides verständlich: sowohl, warum Menschen in der Begegnung mit dem Segensroboter BlessU-2 religiöse Erfahrungen gehabt haben, als auch, warum Menschen bei der Vorstellung Skrupel haben, wenn sie von Robotern gesegnet werden. Beides soll hier kurz kategorial eingeordnet werden.

Erstens: Das Medium BlessU-2 (2) löst hin und wieder einen „Lichtblitz" (1) aus, der sich womöglich wiederholen lässt, weil er die Anwesenheit des Abwesenden birgt (3). Diese Struktur macht verständlich, warum Menschen in der Begegnung mit dem Segensroboter religiöse Gefühle haben können.

Zugleich werden die Skrupel verständlich: Die Vorstellung kann gerade für religiös empfindsame Menschen erschreckend sein, dass Segen beliebig reproduzierbar wird. Dabei würde der Segen nämlich auf die mediale Ebene reduziert. Damit würden sowohl der Widerfahrenscharakter als auch die Anwesenheit des Segens wie reproduzierbare Gegenstände behandelt.

Zweitens: Anstatt sich am Slogan „Alles ist Medium" zu orientieren, kann man nun die medialen Unterschiede zwischen einem segnenden Menschen und einem Segensroboter bestimmen. Dabei ist es entscheidend, dass man die Struktur der drei Kategorien im Blick behält: Die Qualität der Medien hängt also nicht einfach von ihrer Gegenständlichkeit ab. Vielmehr muss

---

166 L. Ohly: Anwesenheit und Anerkennung, 163.

sie dazu in einer Relation zum Widerfahrenscharakter und zur Anwesenheit der Segenserfahrung gestellt werden.

Drittens: Schließlich gibt es graduell bessere und schlechtere Medien für die trinitarisch strukturierte Gotteserfahrung, je nachdem wie sich das jeweilige Medium auf den Widerfahrenscharakter und die Anwesenheit der Erfahrung bezieht.

4.4 Eine kategoriale Statusbestimmung von Mensch und Maschine

Wenn der Unterschied zwischen Menschen und Maschinen kategorial ist, so dass eine Angleichung von Maschinen an Menschen grundsätzlich ausgeschlossen ist, dann muss die Gegenständlichkeit des Menschen als Medium andere Elemente der Erfahrung repräsentieren, die nach anderen Kategorien beschrieben werden. Die drei Kategorien, die sich anhand von Gotteserfahrungen rekonstruieren lassen, können dabei eine heuristische Funktion erfüllen. Das ist deshalb nicht ausgeschlossen, weil der Mensch theologisch als Ebenbild Gottes bestimmt wird, so dass sich in der Begegnung mit Menschen Erfahrungen zeigen können, die sich mit theologischen Kategorien erschließen lassen. Tatsächlich zeigt sich diese theologische Struktur aus drei Kategorien etwa in der Erfahrung der suizidgefährdeten Frau in Grethleins Beispiel.

Eine kategoriale Differenzbestimmung zwischen Mensch und Maschine bedarf solcher Kategorien, die über die Gegenständlichkeit hinausführen. Daher werde ich in dieser Sektion untersuchen, wie Wesen gegenständlicher Art Medien für die Kategorie des Widerfahrens und der Anwesenheit sein können und wie sie sich dabei graduell unterscheiden.

Pointiert ausgedrückt: Ein Gegenstand ist ein umso besseres Medium der Gotteserfahrung, je weniger seine mediale Qualität auffällt. Das beste Medium der Gotteserfahrung besteht darin, dass es selbst abwesend wird. Abwesend zu werden ist dabei etwas anderes als nicht da zu sein. Das Abwesende kann vielmehr auffällig sein, weil es Anwesenheit besitzt.

Gerade indem das Medium abwesend wird, wird eine Verwechslung zwischen Medium und Gotteserfahrung ausgeschlossen: Die Anwesenheit des Segens kann gerade auch auffallen, wenn die Frau aus Grethleins Beispiel das Papierstück verloren hat. Hat sie es dagegen immer in ihrer

Handtasche, so könnte es wie ein Talisman missverstanden werden. Die Gefahr religiöser Medien besteht darin, dass sie kategorial missverstanden werden, indem man denkt, dass sie Widerfahrenscharakter und Anwesenheit reproduzieren, oder indem umgekehrt Widerfahren und Anwesenheit als Gegenstände betrachtet werden.[167] Dieses Missverständnis wird in Jesus Christus aufgeklärt, vor allem in seinem Tod am Kreuz: Gerade als er abwesend wurde und als Medium Gottverlassenheit repräsentierte (Mk. 15, 34b), wird er als Sohn Gottes erkannt (Mk. 15,39b). Das Jesuswort: „Wenn ich nicht weggehe, kommt der Tröster nicht zu euch. Wenn ich aber gehe, so will ich ihn zu euch senden" (Joh. 16,7b) kann somit als paradigmatische Medienkritik gelesen werden, indem sie ein Kriterium für christliche Medien der Gotteserfahrung benennt. Christlich angemessene Medien Gottes sind solche, die den Widerfahrenscharakter und die Anwesenheit des Widerfahrens dadurch vermitteln können, dass sie selbst unscheinbar werden oder sogar verschwinden. Ähnliches zeigt sich im Verzehr der Elemente beim Abendmahl.[168] Man bemerke den prozessualen Charakter christlicher Medien: Sie sind nicht einfach weg, sondern werden unscheinbar oder abwesend. Gerade so geben sie dem Offenbarungscharakter Gottes Raum, der nicht nur auf der Ebene der Medialität und Gegenständlichkeit beschrieben werden muss, sondern zusätzlich in weiteren Kategorien.

Das Christusgeschehen hat zwar einige Ähnlichkeit mit der Begegnung lebloser, aber menschenähnlicher künstlicher Wesen, deren Widerfahrenscharakter eben auch dadurch verstärkt auftritt, dass ihre menschliche Seite verschwindet. Die „magischen Momente", die in Begegnung mit Robotern erlebt werden, bezeugen den Widerfahrenscharakter und machen damit diese Objekte zu Medien göttlicher Erscheinungen. Der Unterschied zwischen dem Christusgeschehen und Begegnungen mit Robotern besteht darin, dass man in Begegnung mit künstlichen menschenähnlichen Wesen den Widerfahrenscharakter in objektiven Eigenschaften sucht, während Christus im Verschwinden nicht nur menschlicher, sondern überhaupt objektiver Eigenschaften widerfährt. Er ist nicht verschwunden und ist kein Nichts, aber der *Prozess des Verschwindens und Zurücktretens* seiner objektiven Eigenschaften macht auf die göttliche Nähe aufmerksam.

---

167 L. Ohly: Anwesenheit und Anerkennung, 62.
168 M. Moxter: Medien – Medienreligion – Theologie, 478f.

Genau darin liegt nun der kategoriale Unterschied zwischen Menschen und Maschinen. Der Slogan „Alles ist Medium" reduziert nicht nur die beiden anderen Kategorien auf die Gegenständlichkeit, sondern betont dabei zugleich die Medialität. Während christologisch die Medialität überstiegen werden soll, wird sie mit dem Slogan umgekehrt hervorgehoben. Diese mediale Fokussierung zeigt sich nun bei Maschinen: Der Segensroboter macht vor allem auf sich selbst aufmerksam und auf seine Medialität. Er kann nur unscheinbar werden, wenn er ausgeschaltet oder kaputt ist, wenn er also zu bestimmten Zeiten *kein Medium* des Segens ist. Dagegen sind menschliche Gesten absichtsvoll und können daher medial freie Selbstzurücknahmen[169] sein, um so ein Offenbarungsgeschehen darzustellen. Sie sind also gerade in ihrer Zurückgenommenheit Medien Gottes. Exemplarisch ist dafür der Blick der segnenden Person, der von sich absichtsvoll wegsieht. Zu einer solchen Selbstzurücknahme wäre der Segensroboter nur dann fähig, wenn er sich selbst ausschalten könnte oder wenn er in der Lage wäre, *absichtsvoll blicken* zu können, um damit auch von sich selbst absehen zu können.[170]

Der kategoriale Unterschied zwischen Mensch und Maschine liegt darin, dass menschliche Eigenschaften in der Zusammenschau mit ihrem Widerfahren und ihrer Anwesenheit bestimmt werden müssen, während die Medialität von Maschinen auf die Gegenständlichkeit als Hauptkategorie oder sogar einzige Kategorie bezogen bleibt. Der Status von Menschen ist hingegen nicht isoliert an der Gegenständlichkeit, sondern daran zu bestimmen, wie er *relational* in zwischenmenschlichen *Begegnungen* auftritt. Indem die Begegnung den Rahmen setzt, werden Widerfahren und Anwesenheit als weitere Kategorien erfasst. Wer Menschen lediglich nach ihren Eigenschaften bestimmt, wird ihren Status durch funktionale Äquivalenzen von Maschinen zunehmend gefährden. Wird jedoch die zwischenmenschliche Begegnung in ihrer kategorial dreifachen Struktur mit der Begegnung künstlich intelligenter Maschinen verglichen, so zeigt sich, dass dabei der mediale Charakter von Maschinen die Hauptkategorie

---

169 M. Welker: Gottes Offenbarung, 209.
170 L. Ohly: Schöpfungstheologie und Schöpfungsethik im biotechnologischen Zeitalter, 122.

ist. Maschinen müssen in Begegnungen medial auffällig bleiben und haben keine eigene Wahl, unauffällig zu werden.[171]

Ebenso zeigt sich eine andere Perspektive auf die Intelligenz von Maschinen. Sie wird auf Gegenständlichkeit reduziert. Im Unterschied zur menschlichen Intelligenz bemisst sich Künstliche Intelligenz entweder nach transparenten Regeln ihrer Programmierer oder nach ihrer Prozessualität, also danach, dass sie Informationen generieren. Sie ist allein informationsbasiert, also datenbasiert und lässt sich damit allein auf der Ebene der Gegenständlichkeit bewerten. Menschliche Intelligenz dagegen zeigt sich auch in zurückgenommenen Begegnungen, im Schweigen und Zurücktreten, in Achtsamkeit, aber auch in Wahrnehmungen, wenn etwas ihnen in die Glieder fährt (Widerfahren) oder wenn sie jemanden vermissen (Anwesenheit des Abwesenden). Menschliche Intelligenz begegnet uns nicht dadurch, dass Menschen permanent informieren oder Information einholen. Sie kann uns vielmehr auch begegnen, wenn Menschen abwesend sind und wenn sie einen Lichtblitz ausstrahlen, ohne dabei etwas Bestimmtes getan zu haben. Sie können dazu ihre eigene Medialität absichtsvoll zurücknehmen – sowohl für uns als auch für sich! Letzteres ist einer künstlich intelligenten Maschine nur möglich, wenn sie sich selbst ausschaltet. Dabei schaltet sie aber auch ihre Intelligenz ab. Für eine absichtsvolle Selbstzurücknahme fehlen Künstlicher Intelligenz die kategorialen Potenziale, weil sie einerseits Daten als Anwesendes generiert und datentechnisch Abwesendes nicht erfassen kann. Andererseits hat sie zwar Sensorien für Ereignisse, kann aber deren Widerfahrenscharakter nicht registrieren. Was in die Glieder fährt, lässt sich gerade nicht an gegenständlichen Korrelaten sicher registrieren oder prognostizieren.

4.5 Die Unverfügbarkeit des Menschen

Dass der Mensch als Medium den Widerfahrenscharakter und die Anwesenheit von Begegnungen repräsentiert, weist auf die Unverfügbarkeit des Menschen hin. Sie wird zudem noch dadurch verstärkt, dass dieses Medium

---

171 Diese Feststellung schließt nicht aus, dass künstlich intelligente Maschinen funktionell dazu eingerichtet sind, im Hintergrund zu agieren – wie Satelliten, Drohnen, Ausspähprogramme oder Kampfroboter, die einen Hinterhalt legen. Für solche Maschinen ist nämlich die menschliche Begegnung nicht bezweckt.

seine Repräsentationsfunktion wirkungsvoller erfüllt, wenn es selbst abwesend wird. Der Mensch ist unverfügbar, weil das Medium nicht alles ist – und weil er in seinen objektiven Qualitäten nicht aufgeht. Der Mensch repräsentiert medial seine Unverfügbarkeit, die Maschine dagegen ihre Verfügbarkeit.

Ethisch wird die Unverfügbarkeit des Menschen in zwei komplementären Dynamiken manifest, die ebenfalls nicht nur medial sind, sondern dabei Widerfahren und Anwesenheit repräsentieren:

1. Der Status des Menschen wird nicht an Eigenschaften erkannt, sondern in reziproken Anerkennungsprozessen gewährt. Deshalb gründet die Anerkennung nicht in der Erkenntnis, ob Menschen bestimmte Eigenschaften (zum Beispiel Intelligenz, Vernunft) erfüllen, die für eine Anerkennungsgemeinschaft konstitutiv sind. Vielmehr basiert Anerkennung auf der Möglichkeit zwischenmenschlicher Begegnungen. Der Widerfahrenscharakter solcher Begegnungen und die Anwesenheit des Anderen in auch nur potenziellen Begegnungen bildet die Grundlage für die reziproke Anerkennung. Anerkennung ist dabei die intersubjektive Zuspitzung des Phänomens der Anwesenheit: Ebenso wenig wie Anwesenheit in der geometrisch-räumlichen Nähe eines Gegenstandes aufgeht, lässt sich Anerkennung auf die Erfüllung von Eigenschaften oder Qualitäten reduzieren.

Diese Anerkennung wird deshalb in Menschenrechten manifest, die jedem Menschen „ohne Ansehen der Person" gelten. Dabei können jedoch die Menschenrechte die menschliche Unverfügbarkeit nur deshalb repräsentieren, weil der Mensch sie selbst repräsentiert. Der Status des Menschen verdankt sich daher seiner Unverfügbarkeit in reziproken Begegnungen.

2. Nun erleben Menschen auch in Begegnung mit Künstlicher Intelligenz Widerfahrnisse: Sie können durch sie verunsichert werden, überrascht, beglückt oder erschrocken. Genauso kann sich das Gefühl des Getroffenseins durch Künstliche Intelligenz auch wiederholen, wenn die Maschine abwesend ist. Zuletzt kann auch eine Maschine mit Künstlicher Intelligenz rechtlich zugesicherte Reziprozität zumindest erwartungssicher simulieren: Das autonom fahrende Auto wird keinen Menschen überfahren, auch wenn es nicht weiß, was ein Mensch ist. Daher könnte der Eindruck aufkommen, rechtlich verankerte Reziprozität ließe sich technisch reproduzieren. Aus dieser Perspektive wäre es naheliegend, auch Maschinen denselben Status

wie Menschen zuzuerkennen, weil sich für reziproke Anerkennungsprozesse eindeutige technische Korrelate finden lassen.

Der entscheidende Unterschied zwischen zwischenmenschlichen Begegnungen und dem Kontakt zwischen Mensch und Maschine besteht jedoch darin, dass sich Menschen als ethische Wesen anerkennen. Sie erkennen sich als verantwortungsfähig an. Der Widerfahrenscharakter der zwischenmenschlichen Begegnung zeigt sich im Vollzug ihres Verhaltens, für das man sie zur Verantwortung ziehen kann. Im Gegensatz dazu kann eine Maschine jemandem zwar auch in ihren Vollzügen widerfahren, ohne dabei jedoch verantwortungsfähig zu sein. Der Widerfahrenscharakter ihrer Vollzüge hängt allein von der Qualität ihrer Leistungen ab. Es macht keinen Sinn, danach zu fragen, *warum* sie sich so verhält – allenfalls kann man fragen, *wie* sie ihre Leistungen vollbringt. Man fragt dann nach den Ursachen, nicht aber nach Gründen (etwa Handlungszwecken) ihres Verhaltens.

Am Beispiel des Segensroboters kann man von der Anmut oder nichtmenschlichen Fremdheit des Segens überwältigt werden. Man kann ihn aber nicht fragen, warum er segnet und ob sein Segen gerechtfertigt ist. Die öffentliche Diskussion um den Segensroboter hat gezeigt, dass es ein Bedürfnis gab, diese Lücke der Verantwortungsfähigkeit zu schließen. Dazu war man an einen zwischenmenschlichen Diskurs verwiesen. Der Segensroboter mag – wie auch andere Roboter, die zur Erleichterung menschlichen Lebens eingesetzt werden – ein Segen *sein*, aber er kann nicht *segnen*: Er kann den Segen nicht als Handlung ausführen, weil er ihn nicht verantworten kann. Das zeigt sich etwa daran, dass es sinnlos ist, einen Roboter für sein Verhalten haftbar zu machen. Mögen zwar künstlich intelligente Systeme Eigentum generieren können, das sie in Haftungsfällen zur Entschädigung einsetzen könnten, so sind sie dazu nicht deshalb in der Lage, weil sie verantwortungsfähig wären. Auch eine künstlich generierte Entschädigung ist nur eine maschinelle Leistung, die keinen Zweck für sich generiert (etwa Schuldentlastung).

Der Status des Menschen hängt somit daran, dass er das Widerfahren und die Anwesenheit als verantwortungsfähiges Wesen medial repräsentiert. Wenn sein Status in seinem Sein besteht, so doch nicht im Sein als Gegenstand mit Qualitäten. Vielmehr konstituiert es sich im Seins*vollzug*, der widerfahren kann und sogar für sein Abwesendsein verantwortlich ist. Während der ausgeschaltete Roboter sein Sein nicht vollzieht – selbst wenn seine Anwesenheit des Abwesenden erlebt wird –, vollzieht ein Mensch sogar sein Abwesendsein.

Dazu muss der Mensch nicht selbst handlungsfähig sein. Dann würde wieder eine Eigenschaft die Grundlage für seinen Status bilden und damit seine Medialität vor dem Widerfahrenscharakter und der Anwesenheit vorgeordnet sein. Entscheidend ist vielmehr, dass sich der Status des Menschen in *zwischen*menschlichen Begegnungen konstituiert und nicht am menschlichen Individuum allein. Die Sozialwissenschaften sprechen von Interpassivität, um zu markieren, dass zwischenmenschliche Begegnungen nicht in menschlicher Aktivität oder Interaktivität gründen.[172] Auch wer nichts tut, kann auf seine Verantwortung dafür angesprochen werden. Interpassivität hat den Primat vor Interaktivität.

Der Mensch ist dafür verantwortlich zu widerfahren und Anwesenheit zu repräsentieren. Er ist also verantwortlich für seine Unverfügbarkeit. Diese Verantwortung basiert aber weder auf seiner Handlungsfähigkeit, noch liegt sie in seinen Eigenschaften begründet. Vielmehr ergibt sie sich aus interpassiven zwischenmenschlichen Begegnungen.

Der interpassiv konstituierte Status des Menschen begründet, warum alle Menschen, also auch Menschen mit starken Einschränkungen und Behinderungen und sogar Verstorbene Medien für Widerfahren und Anwesenheit sind. Es mag sein, dass sie nichts tun können. Dennoch werden sie als Gegenüber erlebt. Man kann durch den Blick einer behinderten Person angerührt werden oder sich daran erschrecken. Man kann Verstorbene dafür verklagen, dass sie einen verlassen haben, und Behinderte auf ihre Verantwortung für die Situation befragen. Die Anwesenheit eingeschränkter Menschen kann verunsichern. Das belegt, dass auch sie Medien des Widerfahrens und der Anwesenheit sind, und zwar so, dass man ihnen in der Begegnung Verantwortung für ihre Medialität zuschreibt. Man beachte, dass diese Zuschreibung unmittelbar erfolgt: In der weiteren Reflexion kann man sie dafür entschuldigen, dass sie für ihr Schicksal nichts beitragen. Diese Entlastung setzt aber den unmittelbaren Eindruck voraus, dass sie als verantwortliche Medien von Widerfahren und Anwesenheit begegnen. Sie sind es nicht als gegenständliches Sein, sondern sie werden es in der Begegnung.

---

172 B. Waldenfels: Sozialität und Alterität, 72.

Die Verantwortung des Menschen für seine Unverfügbarkeit ist selbst ein Widerfahrnis und damit selbst unverfügbar.

Wie ich bereits mehrfach erwähnt habe, fühlen sich Menschen im Umgang mit sozialen Robotern kommunikativ entlastet: Sie schämen sich nicht, wenn der Pflegeroboter sie wäscht, und können sich einem gesprächssimulierenden Computerprogramm leichter anvertrauen als in einem zwischenmenschlichen Gespräch.[173] Das ist ein Indiz dafür, dass künstlich intelligente Wesen nicht so begegnen, dass dabei Verantwortung für ihre Medialität des Widerfahrens und der Anwesenheit widerfährt. Die Kommunikationserfahrung mit Künstlicher Intelligenz wird auf das gegenständliche Element fokussiert. Künstliche Intelligenz repräsentiert dabei nichts Unverfügbares, sondern Gegenständliches – so dass schließlich der Eindruck entstehen kann, alles sei Medium.

4.6 Menschliche Unverfügbarkeit und virtuelle Ortlosigkeit

Künstlich intelligente Systeme entwickeln sich rasant zu global vernetzten Strukturen. Nicht allein eine Maschine erweist ihre künstliche Intelligenz für sich, sondern zunehmend ein Gesamtsystem, zu dem sie gehört. Die Informationen einer Internet-Suchmaschine befinden sich in vielen Computerhallen auf dem Globus verstreut. Das autonome Auto soll zu einem vernetzten Fahren entwickelt werden, bei dem jedes Auto durch sein Fahrverhalten andere Autos mit steuert ebenso wie es vom gesamten künstlich generierten Verkehr gesteuert wird.

Damit mutiert auch der Vergleich zwischen dem Status von Menschen mit dem Status intelligenter Maschinen zu einem Kategoriefehler: Verglichen werden Individuen mit Netzwerken. Ebenso wie es kategorial falsch ist, einen Menschen mit der Menschheit zu vergleichen („Dieser Mensch ist intelligenter als die Menschheit"), begeht man einen Kategoriefehler, wenn man Individuen mit Netzwerken vergleicht. Der Fehler besteht darin, dass ein Individuum mit einer Art oder Gattung verglichen wird. Die Vergleichspunkte befinden sich dabei nicht auf der gleichen Ebene: Die in Frage

---

173 Chr. Scholtz: Alltag mit künstlichen Wesen, 224, 255, 288. Sh. Turkle: Alone Together, 113.

stehende Qualität eines Individuums ist konkret, während die Qualität einer Art oder Gattung abstrakt oder allgemein ist.

Deshalb ist die Unverfügbarkeit des Menschen auch kategorial von der virtuellen Ortlosigkeit intelligenter Netzwerke zu unterscheiden. Künstlich intelligente Systeme haben zwar keinen Ort, an dem sich ihre Intelligenz befindet, denn von woher die Suchmaschine die Ergebnisse präsentiert, bleibt unklar. Ebenso gibt es kein Subjekt, das vernetzte Fahrzeuge steuert. Die Entscheidung, wie zu fahren ist, wird nicht an einem Ort getroffen, weil sie in einer Interdependenz zu allen anderen Steuerungen steht. Das heißt aber nicht, dass Künstliche Intelligenz damit dieselbe Unverfügbarkeit repräsentiert wie ein Mensch, der auch in seinem gegenständlichen Abwesendsein noch begegnen kann. Allenfalls wäre zwischen künstlich intelligenten und neuronalen Netzwerken zu vergleichen. Auch menschliche Gedanken befinden sich nicht an einem Ort im Gehirn. Allenfalls repräsentiert das gesamte neuronale Netzwerk, was ein Mensch denkt.

Vernetzte Künstliche Intelligenz wäre ebenso vergleichbar mit einem allgemeinen Bewusstsein mehrerer Menschen, also dem, was man „Geist" nennt.[174] Der „Geist des 21. Jahrhunderts" oder der „Geist der Romantik" befindet sich nicht in einem Gehirn und wird nicht nur von einem Menschen gedacht. Vielmehr besteht ein solcher Geist auch dann, wenn niemand gerade besonders an ihn denkt. Könnte man etwa davon sprechen, dass vernetzte Künstliche Intelligenz ein Geist ist? Sie speichert immerhin ebenso Informationen auch dann, wenn sie nicht abgerufen werden.

Auch hier zeigt sich dieselbe Verschiebung intelligenter Prozesse auf ihre Medialität, wie ich sie vorher bereits auf individueller Ebene dargestellt habe. Der virtuelle Geist Künstlicher Intelligenz besteht in Speichermedien und in den Prozessen der Informationsgenerierung. Dagegen ist der „Geist der Romantik" nicht darauf reduzierbar. Die Speichermedien können abwesend werden (zum Beispiel wenn ein Haus dieser Epoche abgerissen werden muss) und ihn gerade so widerfahren lassen. Er tritt auf, ohne dass er dabei Informationen generiert – allenfalls Individuen greifen dabei auf Daten zu. Der kategoriale Unterschied zwischen dem Status von Menschen und künstlich intelligenten Maschinen wiederholt sich also auf der

---

174 G. Lindemann: Plädoyer für einen methodologischen pluralistischen Monismus, 402.

Ebene ihrer „Geister". Deshalb lassen sich die Geister von Menschen in Religionsgemeinschaften verantworten, die nämlich Widerfahren, Medialität und Anwesenheit als Offenbarungskategorien interpretieren. Dagegen entwickelt sich ein virtueller Geist nicht zur Cyber-Religion, es sei denn, sie macht Informationen zu Gegenständen der Magie.

4.7 Ergebnis

Der Status des Menschen ist deshalb vom Status Künstlicher Intelligenz kategorial verschieden, weil er nicht allein mit der Kategorie der Gegenständlichkeit hinreichend beschrieben wird. Vielmehr müssen dabei drei Kategorien zugleich in Blick gehalten werden. Oder anders: Der Status des Menschen verändert sich je nachdem, ob man ihn allein nach seiner Gegenständlichkeit bestimmt oder in zwischenmenschlichen Begegnungen. Auch künstlich intelligente Maschinen begegnen Menschen und können dabei ein Erlebnis mit religiösem Widerfahrenscharakter erzeugen. Dafür sind sie dann aber nicht verantwortlich. Verantwortung zeigt sich damit als zwischenmenschliches Begegnungsphänomen, das den Menschen in seinem Status auszeichnet. Damit ist auch gezeigt, dass sich die Statusbestimmung des Menschen nicht allein auf ontologischer Ebene ergibt, sondern zugleich auf ethischer, nämlich zunächst metaethischer Ebene: Der Mensch ist, was er in Begegnung wird, nämlich in unmittelbar zugerechneter Verantwortung vor anderen Menschen. Das schließt ein, dass dieser Status des Menschen nicht in seiner isolierten Individualität bestimmt werden kann, sondern nur in reziproken Beziehungen.

5. Sind selbstfahrende Autos wirklich autonom?

Mit diesem Kapitel eröffne ich einige exemplarische Erwägungen angewandter Ethik zum Thema. Sie behandeln die neuen Entwicklungen nicht erschöpfend, sondern legen einige Schwerpunkte auf die sozialethischen Veränderungen, die durch Robotik und KI auftreten. Ich hätte auch das Thema des Pflegeroboters hier behandeln können. Die Ergebnisse wären teilweise, dem Thema geschuldet, andere gewesen als im vorliegenden Kapitel. Allerdings weise ich mit diesem und den kommenden Kapiteln auf typische und übertragbare Probleme hin, die zudem stärker an die vorherigen Kapitel anschließen. Nachdem ich bisher gezeigt habe, dass künstliche Wesen keine Subjekte sind und einen kategorial anderen moralischen Status als Menschen haben, stellt sich nun die Frage, welche Veränderungen des sozialen Lebens gerechtfertigt sind, wenn Menschen moralisch relevante Entscheidungen an künstliche Wesen delegieren.

5.1 Die drohenden Folgen selbstfahrender Autos

Das Auto versteht sich gut mit dem Menschen. Unterschiedliche Szenarien legen nahe, dass wir weniger Verkehrstote zu beklagen hätten, wenn wir künftig nicht mehr selbst Auto fahren würden, sondern den Autos die Fahrt selbst überlassen würden.[175] Zwar ist die Technik zurzeit noch nicht ausgereift, um den Straßenverkehr komplett zu automatisieren.[176] Allerdings existieren die technischen Systeme bereits, die nur optimiert werden müssen, um das selbstfahrende Auto auf die Straße zu bringen. Endlich könnten Menschen im Auto am Smartphone spielen, ohne dass sie dabei einen Unfall riskieren.

Das Auto versteht sich gut mit dem Menschen, aber der Mensch auch mit dem selbstfahrenden Auto? In der Regel werden vor allem zwei Probleme

---

175 P. Dabrock: Wenn Autos Menschen fahren, 85. Kritischer W. Thiede: Autonome Autos ohne Technikfolgenabschätzung? 132.
176 Beispiele ungelöster technischer Lücken listet Misselhorn auf (C. Misselhorn: Grundfragen der Maschinenethik, 188).

diskutiert: Das erste Thema kreist um das Haftungsrecht. Wer soll bei einem Unfall haften, die Autokonzerne oder die Halterin? Das zweite Problem behandelt die Frage, welche Opfer das selbstfahrende Auto in Kauf nehmen soll, wenn ein Unfall unausweichlich ist: Erkennt das Auto, dass es einen größeren Schaden verursacht, wenn es ein Kind überfährt, und dass deshalb besser ein Auto gerammt werden sollte?[177] Noch problematischer sind Dilemma-Situationen: Wenn das Auto den Unfall mit einem 80-jährigen Radfahrer nur vermeiden kann, wenn es ein spielendes Kind auf dem Bürgersteig überfährt, wie sollte dann das Auto entscheiden? Ist das Kind mehr wert als der Radfahrer? Oder dürfen wir diese Entscheidung dem Algorithmus des Autos oder gar einem Zufallsgenerator überlassen?

Das dritte Problem, nämlich dass der Autocomputer Ziel von Hackerangriffen werden und damit zum Mordinstrument von Cyber-Terroristen werden könnte[178], halte ich demgegenüber für ein Anschlussproblem – ein wesentliches zwar, aber doch ein Anschlussproblem. Es setzt nämlich voraus, was die beiden ersten Probleme noch als ethisch fragwürdig betrachten, und das ist die Autonomie des Autos. Nur wenn autonome Autos ethisch wünschenswert sind, ergibt sich ein ethisches Folgeproblem für den Fall, dass in ihre Autonomie eingegriffen wird.

Solche Manipulationsvorgänge sind in der Tat denkbar, aber sie sind nicht kennzeichnend für künstliche Systeme. Auch Menschen können manipuliert werden. Und es ist sogar wahrscheinlich, dass Auto fahrende Menschen spätestens im Zeitalter von Big Data gezwungen werden können, unkonzentriert zu fahren oder einen Unfall zu riskieren, etwa wenn man gesammelte Informationen gegen sie gezielt einsetzt. Im Vergleich zwischen Mensch und intelligenter Maschine ist daher nicht ausgemacht, dass die Maschine künftig leichter zum Opfer von Hackerangriffen wird als der Mensch. Die befürchtete Überlegenheit künstlicher Intelligenz über die menschliche Intelligenz in naher Zukunft[179] räumt die Möglichkeit ein, dass sich Maschinen selbst gegen Hacker effektiver wehren können als Menschen. Daher sehe

---

177 Die Priorisierung der Verhinderung von Personen- vor Sachschäden ist in der Umsetzung technisch noch nicht voll ausgereift (C. Misselhorn: Grundfragen der Maschinenethik, 188).

178 W. Thiede: Autonome Autos ohne Technikfolgenabschätzung, 133f.

179 Th. Metzinger: I, Robot, 6f.

ich in der Frage der *moralischen* Haftungsverantwortung und der Güterabwägung bei drohenden Unfällen die beiden Hauptprobleme der ethischen Beurteilung autonom fahrender Autos.

Beide Probleme beruhen darauf, dass auf die Autonomie des Autos die Regeln des menschlichen Zusammenlebens nicht so recht passen wollen: Ein Auto ist nicht moralisch verantwortlich, wenn es einen Unfall verursacht, weil es kein moralisches Subjekt ist. Man muss hier also für das Haftungsproblem moralisch legitime Analogien konstruieren, will man nicht die Haftung in rechtsethisch willkürlicher Weise auf Menschen delegieren, die für die fragliche Schadensituation nicht hinreichend verantwortlich sind.

Dasselbe trifft auf unsere moralischen Intuitionen zu, für die wir alternative Konstruktionen schaffen müssen. Denn Auto fahrende Menschen entscheiden nicht nach einem Programm oder einem moralischen Gesetz, wonach in einer Dilemma-Situation besser der 80-Jährige zu überfahren ist und nicht das Kind. Sie entscheiden in solchen Stress-Situationen instinktgeleitet.[180] Nur deshalb werden Lebenswerturteile vermieden.[181] Wenn diese Entscheidung aber künftig Computer treffen sollen, entstehen gerade neue Konstruktionen von Autonomie, bei denen wir uns fragen müssen, ob wir es überhaupt mit Autonomie zu tun haben. Die Veränderung des Autonomie-Begriffs ist das Thema dieses Kapitels.

Es gibt zwei Antworten auf das autonome Verhalten von Autos: Entweder Informatiker überspringen per Programm die Autonomie von Autos immer in den Fällen, in denen eine autonome Entscheidung des Autos Menschenleben gefährden könnte. Dafür müssten die Programmierer festlegen, wie sich Autos in kritischen Fällen zu verhalten haben, die nach den Verkehrsregeln nicht vorgesehen sind (zum Beispiel in Unfälle verwickelt zu werden). Nach dieser Lösung tragen sie allerdings die Verantwortung, was in entsprechenden Unfallsituationen geschehen soll. Es widerspricht jedoch der Menschenwürde aller Menschen, ein Programm zu entwerfen, wonach das Leben eines Kindes höher zu bewerten ist als einer 80-jährigen Person. – Oder die Programmierer überlassen die Entscheidung der Autonomie eines selbstlernenden Systems. Nur dann wird es wirklich ein „autonom" fahrendes Auto sein, wenn es auch selbst lernt und aufgrund

---

180   C. Misselhorn: Grundfragen der Maschinenethik, 196.
181   J. Fischer: Verstehen statt Begründen, 175.

seiner Lernerfolge eine eigene Entscheidung trifft, wie es bei einem unvermeidlichen Unfall den Schaden möglichst gering hält.

Doch lässt sich der Autonomie-Begriff überhaupt auf selbstfahrende Autos anwenden? Ihre Fahrweisen und Reaktionen lassen sich zumindest nicht auf eine autonome Instanz zurechnen, weil sie keine Subjekte sind. Dass sie keine Subjektivität besitzen, habe ich bereits in diesem Buch gezeigt.[182] Nun müssen sie auch keine Subjekte sein, um trotzdem dem Menschen Entscheidungen abzunehmen. Verantwortung kann ihnen aber dabei nicht zugerechnet werden, weil sie keine Identität haben. Selbstfahrende Autos erzeugen deshalb Unbehagen, weil sich in ihnen eine Begegnungsdimension zeigt, die für religiöse Erfahrungen charakteristisch sind. Kurz gesagt, erleben wir selbstfahrende Autos etwa so wie einen göttlichen Eingriff in unser Leben. Aus diesen Thesen ergeben sich ethische Gründe, weshalb sich Menschen vor der sogenannten Autonomie selbstfahrender Autos schützen sollten und wie sie das unternehmen könnten.

5.2 Autonomie setzt Identität voraus

Wenn eine Maschine nach einem Programm läuft, so folgt sie heteronomen Regeln, also den Regeln eines anderen, eines Programmierers. Um autonom zu sein, muss die Maschine die Regeln, nach denen sie abläuft, selbst für sich gesetzt haben. Das ist auch bei solchen Systemen der Fall, die zwar für einen bestimmten Zweck programmiert worden sind, aber darin nach eigenen Strategien verfährt. So hat etwa im Jahr 2016 der Computer Alpha-Go den amtierenden Weltmeister im Brettspiel Go geschlagen. Er konnte dabei zwar nicht aus den Spielregeln ausbrechen, für die er programmiert worden ist. Seine Spielstrategie hat er allerdings als selbstlernendes System ohne menschliche Hilfe entwickelt.

Nun stellt sich die Frage, nach welchen Regeln dieses System agiert, wenn sich sein Verhalten nicht vorhersagen lässt, so dass selbst ein Weltmeister die Spielstrategie nicht durchschauen kann. Diese Regeln liegen dann im Verborgenen. Selbst wenn ein Beobachter am Verhalten des Systems die Regeln im Nachhinein rekonstruiert, kann er die Rekonstruktion nicht für Vorhersagen nutzen. Denn das System ist ja gerade dadurch gekennzeichnet,

---

182 Kap. 3.

dass es sich permanent an seine Rechenergebnisse anpasst. Deshalb kann auch kein Informatiker, der die algorithmischen Muster der bisherigen Prozesse erkennt, daraus schlussfolgern, welche Spielzüge der Computer als nächstes ausführen wird. Der Computer ist eben ein selbstlernendes System und agiert allein nach internen Regeln.

Der Ausdruck „interne Regeln" ist allerdings irreführend, denn der Computer ist kein Subjekt, das sich solche Regeln gibt. Wir gestehen Menschen zu, dass sie nach internen Regeln agieren. Wir können von ihnen ebenso mit einem neuen Spielzug überrascht werden. Und wenn wir sie fragen: „Warum hast du diesen Zug gespielt? Sonst hast du dich in ähnlichen Situationen doch anders verhalten!", dann lassen wir die Antwort gelten, dass sie keine anderen Gründe hatten, außer dass sie es diesmal einfach anders machen *wollten*. Wir rechnen ihnen interne Regeln zu, weil wir sie als Subjekt achten. Computer aber sind keine Subjekte. Was bedeutet dann aber Autonomie, wenn das System, das sich seine internen Regeln „selbst" gibt, gar kein „Selbst" ist?

Der Ausdruck „interne Regeln" ist irreführend, denn der Computer hat keine interne Instanz: Er ist kein Subjekt, das einen solchen internen Raum besitzt. Der Computer erlebt also nicht, dass er sich interne Regeln setzt. Sie sind weder objektiv eindeutig noch sind sie subjektiv. Daraus folgt, dass man dann nicht von Regeln sprechen kann. Der äußere Beobachter, der am bisherigen Verhalten des Computers im Nachhinein Regeln rekonstruieren kann, bestimmt etwas anderes als was sich der Computer selbst gesetzt hat. Denn im nächsten Moment kann der Computer völlig abweichend davon agieren.

Der Computer gibt sich also keine eigenen *Regeln*, wenn er sich autonom verhält. Zwar könnte man sagen, dass ein selbstlernendes System nach der Regel der Optimierung agiert. Diese Regel wäre wieder von menschlichen Programmierern abhängig gewesen. Aber was Optimierung für den Computer bedeutet, verändert sich durch jede Optimierungsstrategie, die er als selbstlernendes System entwickelt. Ein selbstlernendes Auto wird sich zwar allein danach optimieren, möglichst gut zu fahren. Aber was möglichst gut ist, hat keine interne Regel. Ebenso wenig kann ein Beobachter ein-für allemal eine solche Regel der Fahrweise des Autos beschreiben. Ein selbstlernendes System kann mit den Parametern spielen und manche Verschlechterungen für die Gesamtoptimierung nutzen: Geht es zum Beispiel darum, möglichst schnell zu fahren, muss die Optimierung des Ziels, möglichst sicher anzukommen, zurückgestellt werden. Soll der Energieverbrauch optimiert werden, könnte das dazu führen, dass die energieaufwändige Vernetzung mit anderen Autos abgeschaltet werden muss. Das würde wiederum ein sicheres Fahren verschlechtern.

Sogar im Lauf derselben Fahrt kann sich der Fahrstil ändern. Selbst der Computer könnte dazu keine sicheren Aussagen treffen, da er als selbstlernendes System seine eigenen Vorhersagen jederzeit revidieren kann. Was ihm also fehlt, ist die Identität eines autonomen Systems.

Bei allen Verhaltensänderungen bleibt es zwar dasselbe Auto, aber seine Autonomie liegt ja gerade nicht in seiner objektiven Identität oder seinen objektiven Eigenschaften. Sie liegt vielmehr im Selbstlernen und internen Agieren. Und genau hier fehlt eine Instanz, die „selbst" lernt. Damit fehlt jeglicher Instanz-Bezug der Autonomie. Anders gesagt: Das Auto agiert nicht etwa nach eigenen Regeln, sondern *regellos*.

Man mag gegen dieses Ergebnis einwenden, dass solche Unvorhersehbarkeiten zwar für die Dauer einer Trainingsphase gelten[183], auf die jedoch eine Testphase[184] folgt, in der bereits die Muster eines selbstlernenden Systems so stabil sind, dass man das Verhalten des Autos vorhersagen kann. Erst recht wenn dann das Auto nach der Testphase in die Anwendung kommt, dürfte seine Fahrpraxis verlässlich vorhersehbar sein.

Allerdings entstehen die eingangs erwähnten ethischen Probleme selbstfahrender Autos an ohnehin seltenen Ausnahmen. Auch im Realverkehr werden Situationen eintreten, an die sich ein selbstlernendes System weiter anpassen wird. Damit bleibt sein Verhalten auch nach einer eingehenden Trainings- und Testphase prinzipiell unvorhersehbar. Dass unvorhersehbare Fahrweisen nur selten sind, ist dann kein valider Einwand. Denn ansonsten müsste man sich mit den ethischen Problemen selbstfahrender Autos überhaupt nicht beschäftigen, weil sie ohnehin nur seltene Ausnahmefälle behandeln. Außerdem ändert eine ausgiebige Trainings- und Testphase nichts am Prinzip solcher Systeme, dass sie ihre selbst entwickelten Algorithmen fortschreiben. Der Einwand verwechselt also prinzipielle ethische Probleme

---

183   C. Misselhorn: Grundfragen der Maschinenethik, 79.
184   AaO, 115.

mit graduell abgestuften Risikowahrscheinlichkeiten. Es ist aber keine Sache von Wahrscheinlichkeit, ab welcher Wahrscheinlichkeit ein Risiko besteht.

Ich komme zurück auf meine Behauptung, dass selbstlernende Systeme keine Identität besitzen, auf der sich ihre Zurechenbarkeit stützen lässt. Auch bei Menschen ist diese Identität nicht greifbar, weil sie Subjekte sind, die nicht durch ihre objektiven Korrelate bestimmt werden. Auch bei Menschen wissen wir nicht, was sie als nächstes tun werden, weil ihre internen Regeln allein von ihnen selbst abhängen. Allerdings haben sie immerhin eine identische Instanz, die ihre Autonomie regelt, nämlich das Subjekt. Wie sich dieser Unterschied zwischen Mensch und autonomen künstlichen Systemen in der Interaktion auswirkt, möchte ich nun bestimmen.

5.3 Der Widerfahrenscharakter der Autonomie

Ich hatte oben die Differenz zwischen einem Gemachten und einem Gewordenen vorgenommen.[185] Subjektivität ist etwas Gewordenes und nicht Gemachtes. Ihr wesentlich ist ein Widerfahrenscharakter: Ich widerfahre mir. Für Friedrich Schleiermacher ist diese Erfahrung der Anlass für sein Konzept von Gott: Gott ist diejenige Instanz, von der wir schlechthinnig abhängig sind.[186] Ich kann mein Ich nicht selbst erschaffen und andere auch nicht. Trotzdem bin ich da. Also verdanke ich mich voll und ganz einer transzendenten und doch verlässlichen Instanz.

Eine schlechthinnige Abhängigkeit liegt bei uns nur vor, wenn es *genau eine Instanz* gibt, die schlechthinnig frei[187] ist – und wenn damit alles, womit ich in Kontakt stehe, allein weil wir gemeinsam existieren, auch von dieser Instanz abhängig ist.[188] Umgekehrt gibt es also keine Instanz, von der Gott abhängig ist. Seine Identität besteht allein in seiner absoluten Freiheit, nämlich darin, dass sich absolute Freiheit in *genau einer* Instanz vereinigt. Dafür steht die biblische Selbstvorstellung Gottes: „Ich werde sein, der ich sein werde." (Ex. 3, 14) Gottes Ich-Instanz findet ihre Identität ausschließlich in ihrem absolut unabhängigen Selbstvollzug.

---

185 Sektion 3.4.
186 F. Schleiermacher: Der christliche Glaube, 28.
187 AaO, 27.
188 Ebd.

Die menschliche Autonomie wird dagegen nur teilweise durch ihren Selbstvollzug bestimmt, weil sie von Gott schlechthinnig abhängig ist. Das menschliche Erleben widerfährt sich nämlich, ohne dass es etwas dazu oder dagegen tun könnte. Übertragen auf das biblische Zitat müsste der Mensch einräumen: „Ich werde sein, der ich sein werde, *sofern ich sein werde.*" Die menschliche Ich-Identität wird damit letztlich von der Instanz bestimmt, von der das Ich schlechthinnig abhängig ist.

Wenn nun autonome künstliche Systeme nach internen Prozessen entscheiden, die niemand erkennt und die keine Vorhersagen für ihr künftiges Verhalten ermöglichen, so simulieren sie eine schlechthinnige Freiheit. Denn es fehlt ihnen eine Identität. *„Es wird sein, was sein wird."*

Für uns bedeutet diese Simulation, dass der Widerfahrenscharakter der Begegnung mit selbstfahrenden Autos hervortritt. Indem das Auto keine Instanz besitzt, die Entscheidungen trifft, tritt das Widerfahren seiner Entscheidungen hervor. Daher kann es als quasi-göttlich wahrgenommen werden. Seine „Autonomie" agiert frei, ohne dass sie durch andere noch durch sich selbst beschränkt wird.

Natürlich ist diese Simulation nur eine fälschliche Suggestion. Denn das selbstfahrende Auto ist davon abhängig, dass Autobauer es hergestellt haben und dass es nach typischen Merkmalen wie ein Auto fährt. Insofern müsste der charakterisierende Satz konsequent erweitert werden: *„Es wird sein, was sein wird, sofern es sein wird."* Wie ein „nicht-permanentes Subjekt"[189] hebt seine objektive Gegenständlichkeit diesen quasi-göttlichen Charakter wieder auf. Das ändert aber nichts daran, dass sich die Wahrnehmung des Widerfahrenscharakters bei selbstfahrenden Autos aufdrängt. Im *Gehalt* seiner Entscheidungen bezieht es sich zwar darauf, dass es ein Auto ist. Das *Widerfahren* der Entscheidung dagegen ist von den gegenständlichen Voraussetzungen des Autos frei. Aber gerade auf den Widerfahrenscharakter seiner Autonomie wird unsere Aufmerksamkeit gelenkt, wenn wir uns verunsichert fragen, was es als nächstes tut. Seine autonomen Entscheidungen lassen sich keiner Instanz zurechnen. Deshalb werden autonom fahrende Autos zu *unbestimmten Agenten.* Autonom im Sinne einer Unabhängigkeit von Dritten sind zwar ihre Entscheidungen, aber ohne dass eine Instanz sie

---

189 Sektion 3.2.

100

vornimmt. Genau deshalb entsteht bei Menschen im Straßenverkehr das Gefühl, entweder als Insasse oder als Verkehrsteilnehmerin den Reaktionen des Autos ausgeliefert zu sein.

5.4 Warum selbstfahrende Autos im Straßenverkehr Störungen sind

Die Entwicklung selbstfahrender Autos bringt somit unsere bisherigen ethischen Sozialbezüge des Straßenverkehrs durcheinander. Der Straßenverkehr ist nämlich dadurch ausgezeichnet, dass er unsere Umweltbeziehung möglichst stark auf zwischenmenschliche Interaktion konzentriert. Anstelle schicksalhaft erlebter Widerfahrnisse wird der Fokus auf verlässliche Interaktionsgehalte von Menschen mit ihresgleichen gelegt. Zwar bremsen manche Leute auch für Tiere, und unsere Umweltbeziehung reicht weit über zwischenmenschliche Beziehungen hinaus. Dennoch wird der Straßenverkehr so geschützt, dass seine Teilnehmer möglichst wenig dem Widerfahrenscharakter des Unvorhergesehenen ausgeliefert werden, sondern sich auf die intersubjektive Interaktion mit anderen Verkehrsteilnehmern konzentrieren können. Zwar müssen sich Verkehrsteilnehmer auch auf das Verhalten von Wildtieren einstellen, die auch Subjekte sind, aber unerwartet Straßen kreuzen können. Wildunfälle lassen sich somit auch nicht vollständig ausschließen, aber doch immerhin minimieren. Sie sind zwar Widerfahrnisse, weil Tiere Subjekte sind. Allerdings ist auch das Verhalten der Tiere aufgrund ihrer Art *erwartbar*, so dass man sich vor ihnen schützen kann.

Wird nun Straßenverkehr möglichst auf die zwischenmenschliche Interaktion beschränkt, so könnte der Eindruck entstehen, hier würde die Aufmerksamkeit auf Widerfahrnisse geradezu gesteigert. Denn da Menschen Subjekte sind und Subjektivität einen Widerfahrenscharakter hat, bedeutet die Konzentration auf intersubjektive Interaktion eine verstärkte Konfrontation mit Schicksalsschlägen. Immerhin belegen die hohen Quoten an menschlichem Versagen bei Straßenunfällen, dass Menschen ein Grund für gesteigerte Schicksalsanfälligkeit des Straßenverkehrs sind.

Warum die Konzentration auf zwischenmenschliche Interaktion den Straßenverkehr dennoch sicherer macht, liegt darin, dass Menschen *Reziprozitätserwartungen* aneinander richten. Wir rechnen mit autonomen Entscheidungen bei uns selbst ebenso wie bei anderen, weil wir uns reziprok als Subjekte anerkennen – und weil wir reziprok anerkennen, dass wir nicht anders können als autonom zu sein. Daher können wir die Gefahr *einschätzen*, die wir für andere oder die andere Verkehrsteilnehmer für uns sind. In menschlichen Entscheidungen wird der Subjektstatus mit berücksichtigt. Dadurch lässt sich die Gefahr besser kontrollieren: Ich kann meinen Fahrstil an Fremderwartungen anpassen, während ich umgekehrt umsichtig fahren kann, wenn eine Situation aufkommt, die die andere Fahrerin zu einer subjektiven Fahrweise zwingt. Ich kann solche Situationen leichter einschätzen, wenn ich weiß, dass die übrigen Verkehrsteilnehmer *Subjekte wie ich* sind, die eine persönliche Identität haben.

Diese Reziprozitätserwartung fehlt nun gegenüber selbstfahrenden Autos, weil ihre Entscheidungen keiner identischen Instanz zuzurechnen sind. Die neue Gefahr, die von selbstfahrenden Autos ausgeht, lässt sich aufgrund fehlender Reziprozitätserwartungen schwerer eindämmen, weil man bei ihnen *aufgrund ihrer Andersartigkeit* jederzeit mit Unerwartetem rechnen muss. Sie agieren also nicht „erwartbar unerwartet" *wie wir*, sondern „erwartbar unerwartet" wie ein plötzliches Ereignis *aus dem Nichts*.

Deshalb ist die Schlussfolgerung kurzschlüssig, aus der hohen Zahl menschlichen Versagens im Straßenverkehr zu folgern, ein automatisierter Autoverkehr würde *genau diese* Quote an Unfällen reduzieren.[190] Durch ihren unheimlichen Charakter erzeugen selbstfahrende Autos vielmehr neue Risiken, die sich von Menschen in der konkreten Straßensituation nicht einschätzen lassen.

Um die Verkehrssicherheit zu stärken, müsste zumindest der Mischverkehr von künstlichen und menschlichen Fahrern abgeschafft werden. Dann müssten Menschen als Interaktionsteilnehmer im Straßenverkehr ausgeschlossen und der Verkehr vollautomatisiert werden – nämlich indem alle Agenten im Straßenverkehr selbstfahrende künstliche Systeme sind. Um dieses Ziel konsequent umzusetzen, müsste jeglicher systemische Einfluss des Menschen auf den Straßenverkehr ausgeschlossen werden. Nicht nur dürften Menschen während der Fahrt darauf keinen Einfluss ausüben. Es gäbe zudem besondere Herausforderungen an den Übergängen zwischen vollautomatisiertem Verkehr und menschlichen

---

190   So auch C. Misselhorn: Grundfragen der Maschinenethik, 98f.

Interaktionsflächen zu bewältigen: Für das Aus- und Einsteigen ins Auto müssten besondere Zonen wie bei Bus- und Bahnhaltestellen eingerichtet werden. Fußgänger und Radfahrer müssten aus dem Stadtverkehr ausgeschlossen werden wie schon heute auf Autobahnen. Das wiederum würde die Wegstrecken zwischen Straßen und Start- und Zielpunkt vergrößern ebenso wie es ein paralleles Verkehrsnetz für Fußgänger und Radfahrer erforderlich machen würde, für das bereits heute in den Städten meistens der Raum fehlt. Insgesamt aber verliert der Mensch seine Bewegungsfreiheit in den Städten, seine Handlungsfreiheit während der Autofahrten und damit auch seine Selbstbestimmung, angesichts unvorhergesehener Situationen auf die Fahrt Einfluss auszuüben: Darf die Insassin in einem vollautomatisierten Verkehr noch reagieren, wenn ein Kind während der Fahrt schreit oder wenn ihr schlecht wird oder sie merkt, dass sie zu Hause etwas vergessen hat?

Diese Nachteile haben also nicht nur mit sehr hohen infrastrukturellen Herausforderungen zu tun, sondern liegen vor allem auf der ethischen Ebene: Der Mensch muss Freiheiten abgeben und sich einem System unterstellen, das aufgrund seiner Selbstprogrammierung unerwartbar agiert. Deshalb widerspricht es dem Ziel eines vollautomatisierten Verkehrs, wenn die Fahrzeughalterin beim Autokauf entscheiden darf, welches ethische Programm sie erwirbt. Vorschlägen zufolge gehört es zur Freiheit der Eigentümer, zu entscheiden, ob sie lieber von einem utilitaristischen oder eher einem deontologischen Fahrzeugtyp gefahren werden wollen.[191] Diese Freiheit der Fahrzeughalterin steht in Spannung zur vollen Vernetzung aller Fahrzeuge. Zwar könnte noch eine komplette Vernetzung die ethischen Programme aller Autos mitberücksichtigen. Aber daraus folgt nicht, dass eine komplette Vernetzung daraus die konkreten Einzelentscheidungen der einzelnen Autos errechnen könnte, zumal wenn diese Fahrzeuge *selbstlernende* Utilitaristen oder Deontologen sind. Gewährt man also den Fahrzeughaltern die Entscheidung über das ethische Programm ihrer Autos, so wird hier bereits ein Mischverkehr eingeführt, der die Sicherheitsrisiken erhöht.

---

191   J. Millar: Ethics Settings for Autonomous Vehicles, 22. W. Loh/J. Loh: Autonomy and Responsibility in Hybrid Systems, 45.

Selbstfahrende Autos widerfahren uns permanent, auch wenn sie den Verkehrsregeln getreu fahren, weil bereits unsere Ahnung, dass sie im nächsten Moment völlig unerwartet reagieren könnten, ihren Widerfahrenscharakter verstärkt, ohne dass wir uns auf erwartbare Situationen vorbereiten könnten. Der Mensch wird hilflos vor künstliche Verkehrsteilnehmer gesetzt und muss jederzeit mit dem Unerwarteten rechnen. Man kann sich dabei nicht auf identische Entscheidungsträger einstellen, weil es diese Träger nicht gibt.

5.5 Ergebnis und Konsequenzen

Was ich am Beispiel selbstfahrender Autos diskutiert habe, lässt sich auf alle Systeme der KI und Robotik übertragen, die autonome Entscheidungen treffen und nicht nur Befehle eines Programms ausführen: Bei solchen selbstlernenden Systemen ist die Entscheidung nicht an eine Identität rückgebunden. Autonom sind nicht die Systeme, sondern allenfalls einzelne Entscheidungen. Damit wird der Widerfahrenscharakter der Autonomie von der Identität einer autonomen Instanz entkoppelt. Ohne eine autonome Instanz aber können autonome Entscheidungen permanent als unvorhergesehene Ereignisse eintreten. Menschen werden damit konfrontiert, dass ihr künstlicher Interaktionspartner wie zufällig agiert – oder auch wie ein permanent drohender Schicksalsschlag.

Ich hatte bereits in einem grundlegenden Kapitel dieses Buchs[192] gezeigt, dass zwar auch bei Jesus Christus der Widerfahrenscharakter besonders auffällig wird, weil er in seiner objektiven Identität im Verschwinden begriffen ist, und dass er dadurch Wesen mit künstlicher Intelligenz oder Simulation menschlicher Phänotypen sogar ähnlich ist: In beiden offenbart sich eine göttliche Macht. Als Unterschied zwischen beiden habe ich bestimmt, dass man bei solchen künstlichen Wesen den Widerfahrenscharakter in der objektiven Ausstattung sucht, während die Gegenständlichkeit Christi zwar nicht verschwunden, aber *im Verschwinden* ist. Die menschliche Wahrnehmung kann verführt werden, indem sie die Entscheidungen eines künstlichen Systems ihrer objektiven Ausstattung zuschreibt. Dem Widerfahrenscharakter der Entscheidung fehlt jedoch eine Instanz, die

---

192 Sektion 4.4.

Entscheidungen trifft. Dagegen ist Christus eine identische Instanz, wenn sie den Widerfahrenscharakter ihres Verschwindens auffällig macht.

Auch andere Menschen widerfahren – sowohl sich selbst als auch anderen. Sie machen über ihre Gegenständlichkeit ebenso auf sich aufmerksam, dass sie widerfahren. Aber ihr Widerfahrenscharakter ist an eine identische Instanz rückgebunden, der die menschlichen Entscheidungen zugerechnet werden kann. Deshalb sind Menschen verantwortungsfähig – und Maschinen nicht.

Anstelle selbstfahrender Autos dürfte eine höhere Sicherheit von Autos mit Assistenzfunktion ausgehen.[193] Sie könnten dabei Beratungs-, Warn- und sogar Kontrollfunktion (etwas im Hinblick auf die Fahrtüchtigkeit der Fahrerin) beinhalten. Sogar eine rudimentäre Fahrübernahme zur Schadensabwehr könnte wünschenswert sein, etwa dass das Auto automatisch bremst, wenn die Fahrerin ein Hindernis nicht bemerkt. Solche Funktionen, die auch selbstlernende Elemente enthalten, sollten aber nach einer Trainings- und Testphase „fest verdrahtet" sein. Das heißt, es muss gewährleistet werden, dass das Verhalten des Autos verstanden werden kann, weil es *erwartbar* fährt. Dabei darf das Auto keine Werturteile treffen, das die gleiche Menschenwürde verletzt.[194]

---

193 C. Misselhorn: Grundfragen der Maschinenethik, 203.
194 Selbstlernende Systeme haben bereits aufgrund von unbewusst einprogrammierten Voraussetzungen rassistische Vorurteile zum Ausdruck gebracht (C. Misselhorn: Grundfragen der Maschinenethik, 80).

6. Cyberwar[195]

Wenn man im Rahmen von Robotik und KI über neue Arten der Kriegs-
bedrohung nachdenkt, werden in der Regel Kampfdrohnen oder -roboter
in ihrer Wirkungsweise dargestellt. Sind diese Systeme autonome Waffen,
so treffen auf sie dieselben Vorbehalte zu, die ich im vergangenen Kapitel
geäußert habe. Die umfassendere neue Gefahr besteht in der virtuellen Vernetzung auch konventioneller Waffen und von Massenvernichtungsmitteln.
Dabei verschiebt sich die Frage, wer die Subjekte von Kriegseinsätzen sind.
Was unter dem Stichwort „asymmetrische Kriegsführung" im Hinblick auf
Kampfroboter in Blick gerät, trifft insgesamt auf die Probleme virtueller
Kampfhandlungen zu, also auch auf solche, die von Menschen ausgeführt
werden. So können etwa Waffensysteme des Feindes gehackt werden. Auch
wenn Hacker in der Regel Menschen sind, benutzen sie dabei Mustererken-
nungsprogramme und damit Instrumente der KI. Daher verschwimmt die
Mensch-Maschine-Verantwortung im Bereich der virtuellen Kriegsführung,
im „Cyberwar". Darum füge ich dieses Kapitel hier an, auch wenn es den
Blick über Robotik und KI hinaus legt.

Virtuelle Kriegsführung agiert Gewaltpotenziale aus, die auch im privaten
Bereich vorliegen: Von Shitstorms, Eskalationen im Chat einer Schulklasse
bis zur perversen Verdinglichung von Menschen in Kinderpornoringen zeigt
sich im Cyberspace eine neue Art von Gewaltpotenzialen. Im folgenden
Kapitel werde ich daher zwischen Beispielen persönlicher, inter- und trans-
nationaler Aktivitäten im virtuellen Raum zeigen, worauf Gewaltrisiken
dort gründen, die schließlich auch zu Kriegsgefahren führen.

6.1 Hackerangriffe auf feindliche Waffensysteme

Politisch gilt weithin der Besitz von Atomwaffen als Garant für die Un-
angreifbarkeit und Sicherung staatlicher Souveränität. Da potenzielle Angreifer mit atomaren Gegenschlägen und einer Totalvernichtung rechnen
müssen, halten sie Frieden. Diese Doktrin der nuklearen Abschreckung ist

---

195 Dieses Kapitel stützt sich auf Ergebnisse von L. Ohly: Der europäische Raum
und die Kriegsgefahren des virtuellen Raums.

zwar mit dem Zusammenbruch des Ostblocks aufgeweicht worden: Seitdem wurden atomare Großmächte in etliche konventionelle Kriege verwickelt wie in Tschetschenien, Afghanistan, im Irak oder in der Ukraine. Dennoch erhoffen sich auch gegenwärtig noch Nordkorea und der Iran über die Herstellung von Atomwaffen einen Schutz vor Einmischung in ihre staatliche Souveränität.

Doch spätestens in Zeiten des Cyberspace bedrohen Raketen und Massenvernichtungswaffen ihre Eigentümer selbst: Hacker könnten in die Computerprogramme der Militärs eindringen und sie so manipulieren, dass sie den Abschuss eigener Raketen auf das *eigene* Staatsgebiet auslösen. Der Besitz eigener Raketen gefährdet also die nationale Sicherheit, jedenfalls dann, wenn sie mit dem virtuellen Raum vernetzt sind. Auch dezentrale Vernetzungen – wie Intranet oder ein lokales Internet, das sich nur auf das Bürogebäude einer einzigen Behörde erstreckt –, lassen sich grundsätzlich hacken. Damit verlieren Staaten ihre Souveränität über ihre eigenen Waffen.

Extremistische Friedensaktivisten könnten auf diese Weise eine totale atomare Abrüstung erpressen. Ebenso aber könnten Staaten, die selbst keine Atomwaffen besitzen, einen Atomkrieg führen. Die entscheidende Neuerung dieser Entwicklung besteht aber darin, dass nicht allein Staaten gegen Staaten einen Atomkrieg führen, sondern auch transnationale Terror-Netzwerke oder sogar einzelne Privatpersonen. Im virtuellen Raum entscheidet nicht die Überlegenheit von Kriegswaffen über die Sicherung eigener Souveränität, sondern die Verfügungsgewalt über Computerprogramme.

Das ist die Idee der sogenannten „asymmetrischen Kriegsführung", die auf dem paradoxen räumlichen Phänomen beruht, dass sich der Angreifer in einem asymmetrischen Abstand zum angegriffenen Territorium befindet. Feinde stehen sich also nicht gleichweit gegenüber wie im geometrischen Raum, wo zwei Punkte immer gleich weit voneinander entfernt sind. Im virtuellen Raum dagegen kann der Angreifer von seinem Opfer „weiter" entfernt sein als das Opfer von ihm. Der Angreifer macht sich nämlich „unsichtbar". Um den Angreifer zu lokalisieren, bedarf es komplizierter informationstechnologischer Methoden, die den virtuellen Abstand in einen natürlichen Abstand zurückübersetzen.[196]

---

196   L. Ohly/C. Wellhöfer-Schlüter: Drohnen in Privatbesitz, 301f.

Um sich vor den Übergriff von Hackern auf die eigenen Waffen zu schützen, müsste ein Staat seine Waffen außer Reichweite bringen – was ihm die Kontrolle darüber erschwert und ihn zudem wiederum auf konventionelle Weise angreifbarer macht. Zudem wird Eigentum über Waffen durch die virtuelle Verfügungsmacht der Hacker aufgeweicht: Steuerung verdrängt Eigentum.[197]

Nun entscheiden grundsätzlich nicht mehr geografische Vorteile oder militärische Übermacht, sondern nur die Kompetenz individueller Experten, auf den globalen Datenraum zuzugreifen. Das destabilisiert die globale Stabilität des Friedens. Denn obwohl die Kriegshandlung zwischen asymmetrisch weit entfernten Feinden ausgeführt wird, kann sie sich jederzeit umkehren. Schon eine kompetente Privatperson, die sich gerade im Ausland befunden hatte, als ihr Land durch asymmetrische Kriegshandlungen angegriffen wurde, kann zum Gegenschlag ausholen, um sich für die Schäden an ihrem Volk zu rächen. Krieg steigert sich somit zu einem Unternehmen von Privatpersonen, kompetenten Computer-Söldnern oder transsubjektiven Terror-Organisationen. Sogar autonome Waffensysteme können einem Land gegenüberstehen.[198]

Blauäugig wäre nun der Versuch, das Rad der Geschichte auf ein vorvirtuelles Zeitalter zurückdrehen zu wollen – und damit staatliche Gewaltmonopole als auch die Idee des gerechten Kriegs zu retten.[199] Die Anreize zur virtuellen Kriegsführung lassen sich nicht durch internationale Ächtungen zurücknehmen, sobald mit dem Cyberspace schon Einzelpersonen Krieg führen können. Stattdessen schlage ich umgekehrt vor, friedensethische Prinzipien selbst zu virtualisieren. Dieses Kapitel sucht daher nach einem Phänomen, das Verbindlichkeiten auch im Cyberspace in Geltung bringt.

Dabei können Religionen einen wichtigen Impuls geben, weil sie atmosphärische Erschlossenheiten des Raums reflektieren.[200] Religiöse Menschen

---

197 Immanuel Kants Idee, das Recht auf Eigentum aus dem unmittelbaren Ort abzuleiten, auf dem sich Personen leibhaftig befinden (I. Kant: Metaphysik der Sitten, 250), wird im virtuellen Raum aufgelöst, so dass der Eigentumsbegriff allenfalls metaphorisch zur Anwendung kommen kann.
198 H.-R. Reuter: Wen schützen Kampfdrohnen? 165f. A. Dahlmann, Militärische Robotik als Herausforderung für das Verhältnis von menschlicher Kontrolle und maschineller Autonomie, 174.
199 W. Härle: Ethik, 409ff. E. Herms: Systematische Theologie Bd. 2, 2269, 2323f.
200 H. Schmitz: System der Philosophie Band III/4, 211.

kommunizieren mit Abwesenden, weil sie „bei ihnen" sind. Wieder ist es die *Anwesenheit des Abwesenden*[201], die Verbindlichkeiten schafft, wenn zwei Ortsbeschreibungen miteinander kollidieren (etwa die natürliche und die religiöse, die geometrische und die atmosphärische). Deshalb werde ich in diesem Kapitel am Phänomen der Anwesenheit des Abwesenden ethische Haltungen skizzieren, die den Frieden auch im virtuellen Zeitalter schützen können.

6.2 Die Nicht-Distanz der Anwesenheit

Ich hatte bereits im dritten Kapitel zwischen An- und Abwesendsein einerseits und Anwesenheit kategorial unterschieden: Eine Person, die wir vermissen, ist uns überall abwesend. Ihr Abwesendsein ist überall bedrängend dicht, so dass wir uns davon nicht distanzieren können. „Anwesenheit" meint diese Dichte, die etwas oder ein Mensch auf uns ausübt, auch wenn er abwesend ist. Deshalb gehört sie einer anderen Kategorie an als die Gegenständlichkeit eines Menschen, von der man sich durchaus distanzieren kann, wenn er uns zu dicht wird.

Allerdings ist Anwesenheit nicht immer gleichermaßen spürbar. Sie hat zwar eine verlässliche Bindungskraft, die aber nicht immer gleichermaßen dicht erlebt wird. Nicht jedes Mal, wenn jemand das Zimmer einer verstorbenen geliebten Person betritt, muss ihre Anwesenheit mit der gleichen Dramatik bedrängen. Anderseits kann ihre Anwesenheit an völlig unerwarteten Orten auftauchen. Diese *Freiheit der Anwesenheit*, unvermittelt aufzutreten und ebenso in anderen Momenten in den Hintergrund zu rücken, ist der phänomenologische Anlass, warum Religionen mit ihr göttliche Offenbarungen assoziieren. Dabei ist es insbesondere der zwingender Charakter, sich nicht von der Anwesenheit lösen zu können, also von ihrer Evidenz oder Nicht-Distanz, der etwa den christlichen Glauben dazu bringt, dieses Phänomen mit dem Wirken des Heiligen Geistes in Verbindung zu bringen: „Der Geist weht, wo er will, und du hörst sein Sausen wohl, aber du weißt nicht, woher er kommt und wohin er geht" (Joh. 3,8). Dabei wird ausdrücklich die Anwesenheit des Heiligen Geistes an das Abwesendsein Jesu Christi gebunden: „Es ist gut für euch, dass ich weggehe. Denn wenn

---

201 Sektion 4.3.

ich nicht weggehe, kommt der Tröster nicht zu euch. Wenn ich aber gehe, will ich ihn zu euch senden" (Joh. 16,7).

Anwesenheit tritt auch unter Kollektiven auf, etwa zwischen Staaten und Völkern. Gegenstände wie Geschenke (etwa die Freiheitsstatue) können Völker miteinander verbinden, ebenso wie andere Gegenstände sie belasten, wenn sie beispielsweise erbeutet worden sind. Treten die Nachkommen einst versklavter Völker in der Öffentlichkeit auf, kann damit die Anwesenheit der abwesenden Vorfahren aufdringlich nahegebracht werden, so dass das Klima zwischen den Völkern belastet wird. Insbesondere behält dabei die *Geschichte*, die Völker miteinander verbindet, ihren zwingenden Charakter. Zum einen kommen in Völkern – in der Regel ohne dass man sich darauf vorbereiten könnte – nervöse Stimmungen auf, wenn durch eine aktuelle Entwicklung in einem Nachbarstaat die geschichtliche Bindung hervortritt. Wenn etwa in Deutschland Pegida marschiert, fühlen die Nachbarvölker eine beunruhigende Wiederkehr alter deutscher Entwicklungen. Aber auch wenn Deutschland aus humanitären Gründen im Alleingang Flüchtlinge aufnimmt, erzeugt das reflexartig ein Schutzbedürfnis der Nachbarstaaten vor der deutschen Entscheidung. Die Schließung von Staatsgrenzen der An-rainerstaaten, wie sie etwa seit dem Jahr 2015 beobachtet werden konnte, könnte man daher auch so interpretieren, dass sie nicht primär die Ge-flüchteten aufhalten sollen, sondern den deutschen Übergriff auf die eigene Souveränität. Das zeigt, dass selbst eine größtmögliche Unähnlichkeit in der *Sachlage* zwischen aktuellen Entwicklungen und der Geschichte die *Anwesenheit* der Geschichte hervortreten lässt.

Geschichtlich gewachsene Bindung fordert Völkern ab, das unwillkürli-che Auftreten dieser Bindung bewusst *anzuerkennen*, das einen unmittel-baren zwingenden Charakter erzeugt. Damit zeigt sich *Anerkennung der Anwesenheit* als menschliche Entsprechung zur freien Souveränität des Auf-tretens von Anwesenheit.

6.3 Anwesenheit im virtuellen Raum und die Gefahr des Cyberwar

Auch im Cyberspace gibt es Abwesendes. Der Cyberspace kompensiert jedoch diese Erfahrung des Abwesenden mit einer bloßen quantitati-ven Steigerung des Informationsflusses: Anstelle der der Qualität einer

Information, an der die *Autorin* gemessen wird, entscheiden nun die Likes der *Rezipienten* über ihren Informationswert. Unverbindlichkeit wächst an, mit virtuellen Fake-Existenzen eine Ununterscheidbarkeit von Original und Kopie zu erreichen.[202] Big Data generiert Informationen in der Masse unabhängig davon, ob einzelne Daten authentisch sind. Wenn „Google über seine Nutzer genau so viel, wenn nicht gar mehr wissen kann als sie selbst"[203], so trifft das nicht auf die einzelnen Individuen zu, sondern auf die virtuellen Pakete massenhafter Datenspuren, die sie legen. Einzelne Menschen sind nur als virtuelle Datenkonstrukte interessant. Damit erübrigt sich die Unterscheidung von An- und Abwesendem. Die digitale Verfügbarkeit kann diese Differenz überspringen.

Digitale Verfügbarkeit ist jedoch keine Anwesenheit des Abwesenden. Sie befindet sich nicht auf derselben kategorialen Ebene wie Anwesenheit, sondern ersetzt das Abwesende suggestiv. Man kommt ja immer an irgendwelche Informationen zu einem beliebigen Thema und man bekommt immer irgendeine Whatsapp-Nachricht, wenn man nur genug Freunde anschreibt. Wer eine Schach-App auf dem Handy hat oder gerne Quizduell spielt, findet zu jeder beliebigen Zeit einen Mitspieler, bei manchen Apps sogar weltweit. Also könnte man den Eindruck haben, im Cyberspace gäbe es kein Abwesendes.

Das ist aber nur eine Suggestion. Abwesendes taucht durchaus noch auf, aber es verliert seine lebensweltliche Relevanz. Immer wenn ich will, wird mir schon jemand schreiben, aber es schreibt mir eben nicht mehr meine Ex-Freundin. Mit der Suggestion jedoch, dass ja immer alles verfügbar ist, wird das Phänomen der Anwesenheit überdeckt. Anstelle der existenziellen Räumlichkeit der Anwesenheit konstruieren Animations-*Flächen*[204] digitale Verfügbarkeit virtueller Welten.

Durch diese Transformation fehlt auch das Moment der *Anerkennung* von Anwesenheit. Der globale Horizont der virtuellen Vernetzung anonymisiert soziale Beziehungen. Virtuelle Kommunikation ist eine dritte Ebene zwischen Intersubjektivität und objektiver Handhabung. Ich will das an dem Gefühl hervorheben, das ich in diesem Buch schon öfter thematisiert

---

202 S. Žižek: Körperlose Organe, 215.
203 Y. Hofstetter: Sie wissen alles, 249.
204 G. Deleuze: Das Zeit-Bild, 341.

habe, an der Scham. Scham zeigt sich nur in intersubjektiven Beziehungen.[205] Die Möglichkeit, sich zu schämen, wird nun im Cyberspace durch seinen virtuellen Filter stark herabgesetzt, wie sich an der bis ins Obszöne gesteigerten Selbstinszenierung von Menschen zeigt.[206]

Kommunikation ohne Scham ist künstliche Kommunikation ohne Anerkennung. Die Online-Verfügbarkeit führt in eine Omnipräsenz von allem mit allem und damit in einen flächigen Ersatz von Raumdifferenzen, die durch Nähe und Ferne konstituiert sind. (Auch in der Kategorie der Anwesenheit lässt sich Fernes ausmachen.)

Diese Entwicklung hat Auswirkungen auf die Wahrnehmung sozialer Umgebungen. Ohne Anerkennung gerät etwa die Anwesenheit von Geschichte aus dem Blick, die das Verhältnis von Völkern prägt. In der Konsequenz verflüchtigen sich regionale oder territoriale Identitäten. Anstelle internationaler Beziehungen erlangen flüchtige Privatbeziehungen Oberhand oder auf institutioneller Ebene transnationale Organisationen. Anstelle von demokratisch legitimierten Institutionen (Government) richtet sich die Wahrnehmung der Sozialwissenschaften und der Politischen Ethik auf systemische Gleichzeitigkeiten politischer Wirkkräfte (Governance[207]). Dieser Wahrnehmungswechsel im politisch-öffentlichen Raum ist stets durch den Dimensionsverlust der Raumtiefe gekennzeichnet. Wer Governance als politisches Mittel propagiert, verschleiert, wer eigentlich für politische Entscheidungen verantwortlich ist. An die Stelle politischer Verantwortung tritt das Rauschen eines dauerhaft unabgeschlossenen politischen Prozesses: Die Interaktion von Netzwerken wird zum überpersonalen Subjekt von Entscheidungen. In der Theorie der Governance gibt es keine Anwesenheit und kein Abwesendes. Die Anerkennung systemischer Beziehungen besteht in der Akzeptanz anonymer Wirkkräfte. Wo alles gleichzeitig mit allem anderen wirkt, gibt es keine Raumtiefe des Nahen und Fernen. Diese Anwesenheit vermischt das Anwesende mit dem Abwesenden; die Differenz wird irrelevant.[208]

---

205 A. Honneth: Kampf um Anerkennung, 223f.
206 K. Huizing: Scham und Ehre, 230.
207 M. Reder: Ethik des Kosmopolitismus, 60, 66. J.L.J. Hazenberg/A. Zwitter: Network Governance im Big Data- und Cyber-Zeitalter, 192, 195.
208 Zur Vermischung von Rollen s. J.L.J. Hazenberg/A. Zwitter: Network Governance im Big Data- und Cyber-Zeitalter, 199.

Wenn im Cyberspace alles mit allem vernetzt und gleich dicht ist, dann könnte es auch so erscheinen, dass auch ich mit dem Feind vernetzt bin. Dann kann ich ihn nicht angreifen, weil ich sonst mich selbst angreife. Sobald ich also einen Cyberkrieg führe, zerstöre ich, so scheint es, meine eigene Infrastruktur, um ihn zu führen. Das heißt: Im Cyberspace dürfte die Interdependenz aller sozialen Akteure keine asymmetrische Kriegsführung zulassen: Ein asymmetrisch geführter Krieg würde letztlich zum Selbstmord führen.

Das scheint aber nur so. Globale Vernetzung bedeutet nämlich nicht automatisch Interdependenz. Obwohl alles mit allem vernetzt ist, muss nichts fehlen, wenn einige soziale Akteure aus dem Netz herausgenommen oder einer anderen politischen Führung unterstellt werden. Deshalb schließt globale virtuelle Vernetzung Krieg nicht aus.

Zudem schließt die globale Vernetzung auf einer zweidimensionalen Fläche die asymmetrische Kriegsführung nicht aus. Zwar kann die Fähigkeit zur asymmetrischen Kriegsführung symmetrisch verteilt sein: Es könnte also sein, dass russische Oligarchen irgendwelche Fake-News schalten und damit bewirken, dass die Amerikaner einen Donald Trump zum Präsidenten wählen, und später weiß keiner, wer dafür verantwortlich war. Aber es könnte umgekehrt sein, dass eine Start-up-Firma im Silicon Valley einen Trojaner erfindet, der russische Oligarchen ausraubt. Politische Feinde könnten also wechselseitig jeweils aus der Sicherheit der Anonymität Angriffe starten. Aber dadurch wird keine Symmetrie der *Kriegsführung* hergestellt. Symmetrie kann allenfalls in der jeweiligen *Fähigkeit* zur Kriegsführung bestehen.

Ob eine solche Gleichheit wirklich besteht, hängt natürlich von der virtuellen Aufrüstung der jeweiligen sozialen Akteure ab. Vielleicht können sich so russische und amerikanische Machthaber gegenseitig „gleich" bekämpfen, aber nicht Machthaber von Russland und von Botswana. Die besten Hacker führen zur höchsten Fähigkeit asymmetrischer Kriegsführung.

Im Cyberspace sind die Kriegspotenziale also nicht automatisch herabgesetzt. Das Gegenteil könnte zutreffen: So können Völker oder transnationale Organisationen einen Konflikt, der seine Ursache in der analogen Welt hat, mit digitalen Waffen führen. Dabei erzeugt der Cyberspace selbst neue Verteilungskonflikte um Daten und Datensicherheit und wird selbst zum umkämpften Gebiet.

Nun kann die neue Situation der virtuell hergestellten Geschichtslosigkeit auch friedensethisch eine Chance sein: Wer anonym agiert, hat keine Geschichte. Demgegenüber birgt die Anwesenheit einer gemeinsamen Geschichte, die Völker aneinander bindet, Konfliktpotenzial. Entscheidungen eines Landes wie die Grenzöffnung für Flüchtlinge können eben bei Nachbarvölkern unerwartete Irritationen auslösen. Demgegenüber kann der Cyberspace auch als herrschaftsarme Kommunikation flacher Hierarchien gefeiert werden. Das ist die Kehrseite der Gefahr asymmetrischer Kriegsführung.

Ist es also überhaupt von Vorteil für den Frieden, dass Völker miteinander eine Geschichte haben – sogar wenn sie belastet ist? Ich schlage vor, diese ethische Ressource im zwingenden Charakter ihres unwillkürlichen Auftretens zu sehen. Es wird ja immer wieder gesagt, die Geschichte würde uns etwas lehren. Weil also die Deutschen für die Geschichte des Holocaust verantwortlich seien, hätten sie im Grundgesetz der Bundesrepublik die Menschenwürde als Grundprinzip erhoben. Allerdings kann man auch ganz andere Schlüsse aus der Geschichte ziehen. Der Rechtspopulismus in Deutschland will Flüchtlinge in den sicheren Tod zurückschicken oder sogar an der Grenze erschießen lassen. (Interessant übrigens, dass die Rechtspopulisten auch die deutsche Geschichte uminterpretieren wollen. Sie wollen sich einfach nicht von ihr belehren lassen.) Anscheinend lehrt uns also nicht die Geschichte.

Aber die *Anwesenheit* von Geschichte ringt den betroffenen Völkern ihre unmittelbare Anerkennung ab. Gerade weil Anwesenheit nicht wie ein Gegenstand fest verortet ist, sondern unwillkürlich auftaucht oder latent in den Hintergrund abtaucht, erzwingt sie je und je die menschliche Aufmerksamkeit. Wer gegen den zwingenden Charakter der Geschichte in ihrem *Sachgehalt* (Kategorie Gegenständlichkeit) rebelliert, muss dazu *unmittelbar* das *Auftreten der Anwesenheit* von Geschichte anerkannt haben, denn sonst würde man nicht gegen etwas rebellieren. Dem Auftreten von Anwesenheit des Abwesenden können Menschen daher grundsätzlich nicht entkommen. Vielmehr erzwingt das Widerfahren von Anwesenheit menschliche Anerkennung.

Damit verbunden ist nämlich die Anerkennung der *Bindung* der Völker, deren Geschichte sich berührt. Wenn die Völker der Anwesenheit ihrer Geschichte nicht entkommen können, so können sie auch nicht der Bindung entkommen, die sie zueinander haben. Was objektiv ist, kann an- oder abwesend sein; die Anwesenheit transzendiert beides. Ein Beispiel dazu: Obwohl die meisten Gebäude in den Konzentrationslagern von den Nazis kurz vor Kriegsende zerstört worden sind, hat man ein beklemmendes Gefühl, wenn man heute einen solchen Ort betritt. Auch das Abwesende behält seine Anwesenheit. Dasselbe gilt von der Geschichte, die zwischen Völkern besteht.

Deshalb besteht die *Bindung* zwischen Völkern unabhängig davon, *was* sich in ihrer gemeinsamen Geschichte ereignet hat. Gerade weil Deutsche für die Verbrechen an Millionen Juden verantwortlich gewesen sind, besteht heute eine besonders sensible und friedliche Beziehung zwischen Deutschland und dem Staat Israel. Ethisch folgt daraus die Anerkennung des Vorrangs der Bindung vor den historischen Ereignissen, die beide miteinander verbinden. Geschichtliche Ereignisse zwischen Völkern können von ihnen gegensätzlich erlebt worden sein und führen dann zu einer belasteten Beziehung zueinander. Allerdings ringt auch eine belastete Beziehung diesen Völkern ab, die Bindung anzuerkennen, die zwischen ihnen besteht. Das legt auf das Ziel fest, im Frieden zusammen zu leben, weil diese Bindung nicht hintergehbar ist. Die Anerkennung der Bindung gemeinsamer Geschichte führt damit zur Anerkennung anderer Völker und ihrer Eigenheit. Denn Bindung setzt den Anderen voraus.[209]

6.4 Auflösungen von Bindungen im Cyberspace

Ich sagte schon: Konflikte der analogen Welt können sich in den Cyberspace schieben. Wenn sich Schüler am Vormittag gestritten haben, können sie später im Klassenchat übereinander herfallen. Aber auch das Umgekehrte kann der Fall sein. Bindungen aus der analogen Welt können für die Nutzer im Cyberspace relevant werden: Nehmen wir an, Sie haben einen Trojaner programmiert, um damit Computerbesitzer zu erpressen. Sie werden ihn aber nicht auf den PC Ihrer Tochter aufspielen. Genauso wenig wird eine NGO von Computerhackern die Computersysteme einer Partnerorganisation schädigen. Die Anerkennung der Anwesenheit des Abwesenden prägt auch im Cyberspace das Verhalten der Nutzer. Die gewachsenen Bindungen aus der analogen Welt haben hier Vorrang.

---

209 B. Waldenfels: Sozialität und Alterität, 41.

Allerdings zeigt ein Trend, dass sich die virtuelle Welt von der analogen Welt entkoppelt. Virtuelle Welten sind dadurch charakterisiert, immersiv zu sein, d.h. Menschen in virtuelle Kontexte so stark einzubinden, dass sie den Ort vergessen, an dem sie sich körperlich befinden. Mit virtuellen Steuerungsmechanismen in Echtzeit und grafischen Erlebniswelten entsteht das Gefühl, von der analogen Welt entkoppelt zu sein.[210] Unter Soldaten eines Cyberwar droht sich eine sogenannte „Joystick-Mentalität"[211] einzuschleichen, also eine enthemmte Tötungsbereitschaft, weil die Kriegsdrohne ein einfach zu bedienendes Gerät aus sicherer Distanz ist. Durch solche Immersionseffekte dürften sich Bindungen der analogen Welt im Cyberspace abschwächen.

Wie lassen sich diese Bindungen im Cyberspace retten? Nehmen wir einmal an, wir würden das Internet sonntags global abschalten (so ähnlich wie ein autofreier Sonntag oder ein Veggie-Day). Das würde die innere und äußere Sicherheit sozialer Systeme schwer beschädigen. Die virtuelle Welt ist keine Organisation und kein Subjekt, sondern eine globale Infrastruktur, deren zeitweises Fehlen nicht einfach *etwas* abwesend macht, sondern die Bedingungen abbricht, mit Abwesendem institutionell umgehen zu können.

Allenfalls scheinen sich Bindungen nur in einer analogen Parallelwelt zu retten, in Räumen, die Anwesenheit prägen, während die individuellen, trans- und internationalen Interaktionspartner zugleich auf virtuellen Flächen operieren. Hier drohen verstörende Entkopplungen: Mütter und Väter haben schon vereinzelt ihre Kinder als Sex-Sklaven vermietet. Vielleicht lieben sie ihre Kinder, solange sie offline sind. Aber die Bindungen im eigenen Haus können entkoppelt werden, sobald man mit pseudonymen Nutzern im Internet verkehrt. Genauso hat Russland vermutlich die US-Präsidentenwahl 2016 massiv über Facebook manipuliert, obwohl die russisch-amerikanischen Beziehungen deutlich besser gewesen wären, wenn Hilary Clinton US-Präsidentin geworden wäre. Was in der analogen Welt besser wäre, muss im Cyberspace nicht mitempfunden werden.

---

210 C. Breuer: Virtualität und Fortschritt, 158.
211 H.-R. Reuter: Wen schützen Kampfdrohnen? 165. Vorsichtiger A. Dahlmann: Militärische Robotik als Herausforderung für das Verhältnis von menschlicher Kontrolle und maschineller Autonomie, 174.

Der Cyberspace ist tendenziell eine Interaktion ohne die Anerkennung gemeinsamer Geschichte. Die virtuelle Suggestion globaler Verfügbarkeit bröckelt aber manchmal, weil der Cyberspace latent durch eine *Abwesenheit von Anwesenheit* geprägt ist. In bestimmten Momenten kann sich ein Schreck darüber auftun, dass eine gemeinsame Geschichte fehlt. Zwar gibt der virtuelle Raum globaler Verfügbarkeit suggestiv zunächst wenig Anlass, auf Bindungsverluste zu achten. Sobald jedoch die Illusion der globalen Verfügbarkeit auftritt, kehren Bindungen auf schmerzliche Weise wieder, indem sie als verloren gegangene erlebt werden. Das meine ich mit dem Ausdruck „Abwesenheit der Anwesenheit". Russische Strategen können dann entsetzt darüber sein, was sie 2016 angerichtet haben, einen Mann wie Donald Trump gefördert zu haben, der die Bindung zwischen den Völkern mutwillig übergeht.

Erst recht in der asymmetrischen Kriegsführung werden Bindungsverluste quälend. Aus der Opferperspektive eines virtuellen Angriffs wird die Illusion der globalen Verfügbarkeit erlebt, weil der Feind aus einer sicheren virtuellen Distanz agiert, während das Opfer des Angriffs ihn überall um sich spürt. In der Auffälligkeit von Abwesenheit, die die Opfer trifft, zeigt sich dann die Illusion der scheinbaren virtuell gesicherten globalen Verfügbarkeit. Gerade weil das Phänomen der Anwesenheit des Abwesenden fehlt, kann Abwesenheit in manchen Momenten verstörend auftauchen. Plötzlich entsteht eine beunruhigende Ungewissheit, wer sich hinter der virtuellen Fläche verbirgt. Schon einzelne Individuen können – zumindest in einzelnen Momenten – furchtsamer werden, sobald sie ins Netz gehen. Im Frühjahr 2018 haben sich viele Nutzer aus Facebook abgemeldet, weil sie befürchtet hatten, von Facebook ausspioniert zu werden, obwohl diese Tatsache weithin bekannt ist, dass Facebook Daten seiner Nutzer generiert, um damit Geschäfte zu machen.

Abwesenheit muss aber auftauchen. Sie liegt nicht einfach vor, wo man so tut, es wäre doch im Netz alles abrufbar, und damit die Anwesenheit des Abwesenden virtuell überspielt. Normalerweise gehen wir relativ abgestumpft damit um, dass wir im Netz digitale Spuren hinterlassen. Die meisten Nutzer virtueller Angebote wissen, dass die Gefahr permanent lauert, gehen aber sorglos damit um. Es müssen sie vielmehr Enthüllungen *treffen*, damit Abwesenheit auftaucht. Abwesenheit ist nicht einfach da, sondern sie muss *widerfahren*. Deshalb dauert sie auch nicht lange an. Aber wenn sie widerfährt, mutiert globale Verfügbarkeit ins genaue Gegenteil, zur absoluten Dunkelheit.

Wenn Abwesenheit auftaucht, kann es bereits zu spät sein. Wer Opfer eines Malware-Angriffs wird, merkt zu spät, dass sich der Andere doch noch *irgendwo* befindet und dass also in diesem Moment auch im Cyberspace in die globale Verfügbarkeit eine Anwesenheit des Abwesenden hereingebrochen ist. Facebook weiß schon so viel über uns, dass uns die Abmeldung unseres Accounts nicht besonders schützt. In diesem Fall zeigt sich Abwesenheit als eine Täuschung: Sie taucht zwar auf, aber bereits als Täuschung, die im selben Augenblick von der evidenten Anwesenheit des Abwesenden verdrängt wird. Wer so lange warten will, bis Abwesenheit auftritt, bleibt eine virtuelle Zielscheibe für den Erstschlag. In der asymmetrischen Kriegsführung des Cyberwar beruht diese Täuschung darauf, dass sich Angreifer und Opfer nicht im selben Raum befinden: Während der Täter das Opfer im *virtuellen Raum* identifiziert, kann sich aus Sicht des Opfers der Täter überall befinden[212] – nämlich in jedem erdenklichen Hinterhalt im *physischen Raum*. Dadurch tun sich Abstände von Nähe und Ferne auf, die eigentlich virtuell durch Omnipräsenz und Echtzeit-Reaktion überblendet werden sollen. Das Opfer wird so von der Anwesenheit des Abwesenden überrascht, weil es bislang mit der Illusion globaler Verfügbarkeit lebte.

Wer dagegen frühzeitig reflektiert, dass im Cyberspace eine solche Gefahr droht, erkennt potenzielle Feinde an. Und Anerkennung kann dazu motivieren, mit Feinden Verträge zu schließen, um sich voreinander zu schützen. Die Immersionskraft des Cyberspace hält jedoch Subjekte tendenziell davon ab, Abwesenheiten zu reflektieren, indem sie eine flächige Verfügbarkeit suggeriert.

6.5 Vorrang der Anerkennung

Die Reformation verkomplizierte das Verständnis der Zugehörigkeit zu einem Gemeinwesen. Diese Verkomplizierung hatte maßgeblichen Einfluss auf die neuzeitliche Politische Theorie. Um die Position zu vermeiden, dass bereits die formelle Zugehörigkeit zur Institution Kirche über das

---

212 J.-P Sartre: Das Sein und das Nichts, 497.

endzeitliche Heil entscheidet, hat die Reformation eine Unterscheidung von sichtbarer und unsichtbarer Kirche eingeführt. Die sichtbare Kirche ist dabei die verfasste Institution, während die unsichtbare Kirche die ewige Gemeinschaft der Heiligen, der lebenden und verstorbenen Christen bildet. Dadurch ist die Vorstellung vom „Bürger zweier Welten"[213] auch in die Politische Theorie eingewandert. Während für Kant jedoch *derselbe* Mensch zwei Welten bewohnt, bleibt in der reformatorischen Unterscheidung unsichtbar, ob ein Kirchenmitglied wirklich zu „beiden" Kirchen gehört oder nur zur sichtbaren. Die wahre Kirche ist nicht die sichtbare Institution, sondern die unsichtbare Gemeinschaft der Heiligen. Aber es bleibt selbst unsichtbar, wer zur wahren Kirche gehört.

Kant löste diese erkenntnistheoretische Schwierigkeit *politisch*: Die reziproke *Anerkennung* aller Mitglieder der *sichtbaren* Gemeinschaft realisiert den Vorrang der ethischen vor der sichtbaren Dimension.[214] Zwar gehören zur Gemeinschaft sichtbare Mitglieder. Aber es ist nicht das Sichtbare, was diese Gemeinschaft gründet, sondern die reziproke Anerkennung ihrer Mitglieder. Damit erhält der ethische Akt der wechselseitigen Anerkennung Priorität vor dem Sichtbaren. Auf diese Weise sind die ethische und die sinnliche Wirklichkeit aneinander gekoppelt. Aber die „wahre" Gemeinschaft besteht darin, dass die Kopplung der beiden „Welten" nicht durch das Augenfällige, sondern durch die Ethik bestimmt wird.

Durch den Cyberspace entsteht nun eine neue Polarität von analoger und virtueller Realität. Lässt sich hier noch eine Kopplung nach dem kantischen oder reformatorischen Muster erzielen? Fake-Existenzen und bestehende Accounts von Verstorbenen in einer Community belegen, dass man zwar Bürger der einen, aber nicht der anderen Welt sein muss. Die Differenz zwischen analoger und virtueller Realität scheint daher dem reformatorischen Verständnis näher zu sein als dem kantischen.

Im Gegensatz zur reformatorischen Unterscheidung sind aber die Zugehörigkeiten zur analogen und zur virtuellen Realität „sichtbar": Auch aus der Fake-Existenz eines Pseudonyms, unter dem sich eine Person in einer Internet-Community angemeldet hat, lassen sich reale Daten generieren.

---

213 Der Begriff bezieht sich auf Kant (vgl. I. Kant: Kritik der praktischen Vernunft, 209).
214 I. Kant: Metaphysik der Sitten, 256.

Es sind jedoch Daten einer geschichtslosen Existenz – ein Symptom der Abwesenheit von Bindungen im virtuellen Raum. Abwesenheit wiederum ist eine Illusion, wie ich im vorigen Abschnitt gezeigt habe: Der Feind kann jederzeit in seiner Anwesenheit des Abwesenden auftauchen.

Die Pointe der Unterscheidung von sichtbarer und unsichtbarer Kirche liegt darin, menschliche Zuständigkeiten vom göttlichen Urteil abzugrenzen. Es ist weder Aufgabe der kirchlichen Institution noch einzelner Christen, zu entscheiden, wer zur wahren (unsichtbaren) Kirche dazugehört.[215] Dennoch existiert die unsichtbare Kirche nie unabhängig von der sichtbaren, weil man sonst ein Egoist sein könnte und sich gleichzeitig sicher fühlt, weil man ja zur unsichtbaren Gemeinschaft gehört. Um das zu vermeiden, wird im reformatorischen Kirchenverständnis ein ethisch-praktischer Vorrang der Anerkennung vor der Erkenntnis etabliert. Die Mitglieder der sichtbaren Institution *unterstellen ethisch-praktisch*, dass alle, die zur sichtbaren Kirche gehören, auch zur wahren Kirche gehören.[216]

Ein solcher ethisch-praktischer Vorrang gilt auch für Gott. Zwar ist die unsichtbare Kirche für Gott sichtbar. Dennoch heißt das nicht, dass für Gott ein Vorrang der Erkenntnis vor der Anerkennung besteht. Vielmehr vollzieht sich die Mitgliedschaft in der unsichtbaren Kirche allein durch Gottes Urteil und damit durch Gottes Anerkennungsakt.

Der Vorrang der Anerkennung vor der Erkenntnis entspricht dem Vorrang der Bindung zwischen Völkern vor den geschichtlichen Ereignissen, die diese Bindung erzeugt haben. Die geschichtlichen Ereignisse sind das „Sichtbare" unter der Kategorie der Gegenständlichkeit. Die Bindung dagegen gehört zur Kategorie der Anwesenheit, die das Abwesende einschließt und daher unter der Kategorie der Gegenständlichkeit „unsichtbar" ist. Was sich daher mit der reformatorischen Unterscheidung von sichtbarer und unsichtbarer Kirche angebahnt und in der Politischen Theorie im „Bürger zweier Welten" weiter entwickelt hat, ist der Vorrang ethischer Prozesse vor verfügbaren Informationsgehalten oder Daten für die Beschreibung sozialer Realität: Was real ist, entscheidet sich an Anerkennungsprozessen und nicht an sichtbaren Informationen.

---

215 D. Bonhoeffer: Zur Frage nach der Kirchengemeinschaft, 655.
216 L. Ohly, Anwesenheit und Anerkennung, 103f.

Was uns im Cyberspace bis zum Cyberwar besonders verletzbar macht, ist die Abwesenheit, die zwischen der analogen und virtuellen Welt steht und die Welten voneinander trennt. Allerdings ist Abwesenheit eine Illusion, weil die Anwesenheit des abwesenden Feindes jederzeit auftauchen kann. Dieser Illusion kann vorgebeugt werden, indem man abwesende Subjekte anerkennt, bevor sie zu Feinden werden. Das isolierte Nebeneinander der beiden Welten kann somit aufgehoben werden durch soziale Anerkennungsakte.

Dabei können solche Anerkennungsakte auch einseitig sein. Denn Anerkennung ist ein kreativer Akt[217] oder beruht auf dem kreativen Widerfahrenscharakter von Anwesenheit. Das Opfer einer asymmetrischen Kriegsführung kann den Täter zwar nicht lokalisieren, muss ihn aber im Cyberspace anerkennen, sobald es vom Angreifer getroffen wird. Ebenso kann es ihn schon anerkennen, bevor er angreift. Zwar weiß es nicht, wer er ist und wo er sich befindet. Es rechnet ihm aber zu, sozialer Akteur zu sein, *als ob* er unter den Bedingungen der Anwesenheit von An- und Abwesendem interagiert. Durch diesen einseitigen kreativen Akt wird der Angreifer in einen Raum der Anwesenheit gezogen, auch wenn er sich selbst nicht darin platzieren würde, weil für ihn das Opfer global verfügbar ist.

Obwohl daher der kreative Anerkennungsakt einseitig ist, zielt er auf die Reziprozität der Anerkennung, nämlich auf das Recht – also auf den „Bürger zweier Welten". Der einseitige Anerkennungsakt erzeugt soziale Realitäten, indem er mit potenziellen Angreifern rechnet und sie somit zur sozialen Realität werden lässt. Durch das Ausspähen und Rückverfolgen von Virenprogrammen werden virtuelle Akteure auf ihre Verantwortung für Angriffe ansprechbar. Das führt nicht automatisch zu einer reziproken Gemeinschaft, weil die Aggressoren ihre Taten immer noch verschleiern und zurückweisen können. Dennoch können sie sich der Situation nicht entziehen, dass der Verdacht gegen sie in den analogen Raum überführt wird. Es belastet die diplomatischen und wirtschaftlichen Beziehungen eines Staates zu anderen Staaten, wenn er unter Verdacht steht, virtuelle Kriegshandlungen auszuführen. Einseitige Anerkennungsakte führen dann dazu, dass sich virtuelle Kriegshandlungen *im Raum der Geschichte* auswirken:

---

217 J. Fischer, Verstehen statt Begründen, 83.

Die Bindung zwischen den Akteuren wird davon betroffen, wenn sie auf ihre virtuellen Handlungen ansprechbar werden.

Dabei besteht der Vorteil von Staatengemeinschaften gegenüber einzelnen Akteuren darin, dass sie nach außen Vorbild einer reziproken Anerkennungsgemeinschaft bilden und nach innen die Rechtssicherheit vor virtuellen Angriffen erhöhen. Denn sie können die Verrechtlichung des Cyberspace in ihren Grenzen harmonisieren und Rechtsbrüche solidarisch ahnden. Sie können sich gegen virtuelle Angreifer wechselseitige Förderung zusichern und sich dezentraler aufstellen: Ein Angriff auf einen Staat durch einen Dritten kann so leichter von den Nachbarstaaten abgewehrt und die Folgeschäden mit Hilfe der Staatengemeinschaft reduziert werden.

Dass die politische Zukunft in Lösungen von Staatengemeinschaften besteht, zeigt etwa das Problem der Steuerflucht von Internet-Konzernen, die im analogen Raum ortlos agieren und damit einzelne Staaten austricksen. Staatengemeinschaften repräsentieren dagegen eine *„ursprüngliche* Gemeinschaft des Bodens"[218]: Gerade weil sie größere Bodenflächen des physischen Raums besetzen, können sich virtuelle Akteure wie Internet-Konzerne dem reziproken Gebrauch des Bodens[219] schwerer entziehen und somit auch ihren Steuerpflichten schlechter entkommen.

Der entscheidende Systemwechsel einer Cyber-Verrechtlichung gegenüber einer vertragstheoretischen Grundlegung der Politischen Theorie liegt jedoch in der Idee des *einseitigen* Anerkennungsaktes, der damit bereits das Phänomen der Anwesenheit in den Cyberspace *für alle* kreativ einbindet. Dabei richtet sich der kreative Anerkennungsakt des Anderen auf einen *virtuell unsichtbaren* sozialen Akteur und nicht mehr wie in vertragstheoretischen Modellen (etwa Kant) auf einen *physisch sichtbaren*. Mit der einseitigen Anerkennung taucht die Anwesenheit wechselseitiger Bedrohung durch Unsichtbarkeit unter sichtbaren sozialen Verhältnissen auf. Das Sicherheitsrisiko, von unsichtbaren Mächten bedroht zu werden, führt zur universalen Anerkennung unsichtbarer Akteure. Es besteht zwar keine reziproke Anerkennung unter Gleichen (Staaten), aber bereits die Anerkennung unter Ungleichen (Staaten, transnationale Organisationen, Individuen), die auf dem Sicherheitsrisiko der Unsichtbarkeit gründet, ist wechselseitig.

---

218 I. Kant: Metaphysik der Sitten, 251, Herv. I.K.
219 AaO, 250.

Die reziproke Gefahr asymmetrischer Kriegsführung motiviert soziale Akteure, auf eine Anerkennung des Sicherheitsrisikos mit einer wechselseitigen Anerkennung der je anderen Akteure zu antworten – und damit mit einem wechselseitigen Recht, als unsichtbarer Akteur anerkannt zu sein. Dieses Recht schließt Angriffe aus, weil es sonst kein wechselseitiges *Recht* wäre. Kreative Anerkennungsakte eröffnen die Möglichkeit, ein solches Cyber-Recht zu etablieren.

Ebenso wie mit dem einseitigen Akt eine neue Dynamik von Anerkennung einsetzt, kehrt sich die scheinbare Sicherheit atomarer Abschreckung um. Massenvernichtungswaffen, die durch einen Hackerangriff den Eigentümer dieser Waffen vernichten können, sind endgültig zu ächten. Spätestens im virtuellen Zeitalter gilt, dass auch *einseitige* Abrüstung den eigenen Sicherheitsinteressen besser nützt als eine atomare Aufrüstung.

7. Automatisierte ökonomische Prozesse

7.1 Beispiel Computerbörse

Nach Yvonne Hofstetter werden bereits 70 bis 80 Prozent des Handels an amerikanischen Börsen durch Hochleistungscomputer abgewickelt, die in Millisekunden reagieren können.[220] Ihre Big-Data-Anwendungen sammeln große Datenmengen, errechnen eine Prognose und entscheiden schließlich autonom.[221] Im fünften Kapitel hatte ich dargestellt, warum der Begriff der Autonomie nicht auf KI anwendbar ist und dass der Mensch seine Freiheit verliert, wenn er Entscheidungen an solche Systeme abtritt. Dabei habe ich bisher das Problem des Datenschutzes angesichts von Big Data nicht diskutiert. Börsenentscheidungen des Hochfrequenzhandels werten bereits Twitternachrichten[222] oder Profile von Menschen aus, die ihre Informationen dazu nur unwissentlich hergeben.[223]

Durch das Problem der ungeheuren Geschwindigkeit, aber auch der Nicht-Nachvollziehbarkeit der Algorithmen selbstlernender Systeme ist „technisches Versagen an den Börsen ... die Regel."[224] Intelligente Maschinen kennen uns also nicht besser als wir uns selbst[225]: „Mathematische Modelle als Abbild der Wirklichkeit – *welcher Wirklichkeit?*"[226] Big Data tastet also nicht nur den Datenschutz an, sondern gefährdet auch die ökonomische Stabilität, indem Gelder – und damit persönliche Ansprüche – der Shareholder künstlich verbrannt werden können, ohne dass dies dem Realwert der börsennotierten Unternehmen entspricht.

Big Data spielt jedoch nicht nur in dem Wirtschaftsbereich eine große Rolle, in dem Handel zum Geldgeschäft wird, nämlich auf dem Aktienmarkt. Vielmehr wird auch der bestehende Arbeitsmarkt durch Robotik und KI massiv bedroht.

---

220 Y. Hofstetter: Sie wissen alles, 192.
221 AaO, 214.
222 AaO, 192.
223 AaO, 234.
224 AaO, 196.
225 AaO, 73, 126, 249.
226 AaO, 210, Herv. Y.H.

7.2 Roboter zerstören Arbeitsplätze

Auf den Wirtschaftsseiten der Zeitungen wird oft vom massiven Verlust von Arbeitsplätzen durch die Robotik gesprochen. Sogar in der USA, in der die am besten gebildeten und spezialisierten Menschen leben, werden nach einer Studie im Jahr 2033 47 Prozent der heutigen Arbeitsplätze durch Roboter oder Computer ersetzt worden sein.[227] Es wird sich dabei nicht nur um Arbeit des sogenannten Niedriglohnsektors handeln: Vollautomatische Rasenmäher, Putzkräfte oder Pflegeroboter werden schon heute eingesetzt, wenn auch noch nicht flächig. Auch die Arbeit von Ingenieuren wird heute bereits von Robotern assistiert, wie man etwa an Autofabrikhallen sehen kann, in denen sich kein einziger Mensch mehr befindet. Zudem werden Broker an den Börsen von Computern abgelöst.

Künftig werden auch die hochspezialisierten Berufe von Akademikern ersetzt werden, sogar von Geisteswissenschaftlern oder Politikern. Der israelische Historiker Yuval Noah Harari zeigt, wie es geht. So wird etwa Google Epidemien schneller erkennen als öffentliche Gesundheitsinstitute: „Allowing Google to read our emails and follow our activities would make it possible for Google to alert us brewing epidemics before they are noticed by traditional health services."[228] Wenn die durchschnittlichen Aufrufe der Wörter „Fieber" oder „Schnupfen" in London an einem Tag 100.000 betragen und an einem besonderen Tag 300.000, weiß Google, das gerade eine Epidemie ausbricht.

Wenn man nur weit genug die Datenmengen personalisiert, die eine Person online hinterlässt, könnte ein Computer auch einen Arzt ersetzen. Die Suchmaschine würde ja nicht nur Aufrufe wie „Schnupfen" oder „Fieber" registrieren, sondern auch den Lebenslauf mit einbeziehen: Sport-Apps untersuchen Sie ja den ganzen Tag; sie zählen mit, wie viele Schritte Sie an einem Tag zurückgelegt haben, und können aus den Bewegungen beim Schlaf feststellen, ob Sie Alkohol getrunken haben oder gerade Stress haben. Aus den Korrelationen lässt sich dann eine Diagnose errechnen. Noch einmal: Es kann sein, dass einzelne Daten falsch interpretiert werden. (Sie haben keinen Alkohol getrunken, sondern morgen eine Prüfung,

---

227 Y. Harari: Homo Deus, 379.
228 AaO, 390.

und schlafen deswegen unruhig.) Aber das massive Datenvolumen gleicht einzelne Fehlinterpretationen aus. Der Algorithmus kennt mich besser als ich mich kenne.[229] Dazu muss er mich nicht perfekt kennen, um doch weniger Fehler zu machen.[230]

Zum Vergleich diagnostizieren Hausärzte oft intuitiv aufgrund ihrer Berufserfahrung. Fehlinterpretationen sind hier ebenso möglich, lassen sich aber nicht korrigieren außer durch eine Zweitmeinung oder einen erneuten Arztbesuch. Spezialärzte wiederum setzen in ihren Diagnosemitteln auf die Hilfe von hochspeziellen Computern – und sägen damit an dem Ast, auf dem sie sitzen. Denn spezielles medizinisches Wissen ist Computerwissen. Spezialärzte sind nur noch dazu da, die Informationen zu lesen, die Computer generieren *und auswerten*. Selbst die Interpretation von Ergebnissen übernimmt der Computer. Wozu sollte jemand 12 Semester studieren, ein praktisches Jahr und den Facharzt absolvieren, nur um etwas vorzulesen, was jeder lesen kann, der in der Grundschule lesen gelernt hat? (Selbst Lesen müsste niemand mehr lernen, wenn Computer uns Texte vorlesen können.)

Genauso könnten selbstlernende Computer die besseren Lehrer sein als Menschen. Ihre Lehrmethode könnte individuell angepasst sein und damit dem Bildungsziel einer inklusiven Gesellschaft besser entsprechen. Sie diagnostizieren dann nicht nur, was ein Kind noch nicht weiß und in welcher entwicklungspsychologischen Situation es ist. Vielmehr entwickeln sie auch individuell angepasste Lernprogramme fürs Kind, die sogar unbewusste Prozesse mit einschließen. Nehmen wir an, ein Kind habe große Konzentrationsschwächen und lenke sich immer wieder ab. Der Computer wird es dann vielleicht nicht ermahnen, wenn es bei den Aufgaben auf Youtube wechselt, wo es eine Folge von Benjamin Blümchen gucken will. Vielmehr wird der Computer nur diejenigen Benjamin Blümchen-Folgen zum Ansehen anbieten, in denen Signalwörter vorkommen, die das Kind jetzt braucht. Oder es wird geschickt dem Kind einen Anreiz geben, die Neuverfilmung von „Conny wird Astronautin" an zusehen, wo das Kind Interaktionsflächen angeboten bekommt, um nebenbei Differenzialrechnungen zu üben, die man als Astronautin benötigt.

---

229 AaO, 383.
230 AaO, 384.

Ich bin davon überzeugt, dass auch Pfarrerinnen und Pfarrer ihren künstlichen Konkurrenten unterlegen sind. Wenn doch selbstlernende Computer individuell angepasste Angebote für ihre Nutzer generieren können, warum dann nicht auch der künstliche Prediger? Die Predigthörerin aus dem bildungsbürgerlichen Milieu bekommt dann eine fundierte Information über die paulinische Theologie mitgeliefert, während sich die Mutter mit zwei Kindern über das lebendige Puppenanspiel zur Arche Noah freut. Dasselbe gilt für die Seelsorge, wie ich Ihnen ja bereits am Beispiel von ELIZA gezeigt habe: ein Psychotherapeutenprogramm, das über 50 Jahre alt ist und den heutigen Programmen deutlich unterlegen, aber schon damals bei Psychologiestudierenden eine erhebliche Wirkung hatte. Und wie man schon an den Börsen sehen kann, werden Computer mit kirchlichem Eigentum informationsbasierter umgehen als kirchliche Behörden, die seit Jahrzehnten einen Sanierungsstau der kirchlichen Haushalte verantworten müssen.

Im kirchlichen Milieu will man sich ja immer wieder damit beruhigen, dass man sagt, es komme alles auf die persönliche Begegnung an. Eine Pfarrerin ist nicht austauschbar, weil sie als Person authentisch kommuniziert. Aber an dieser Stelle kommt nun die Verbindung aus Künstlicher Intelligenz und Robotik zum Einsatz: Die Pfarrer-App könnte in einen Roboter mit menschlichem Körper eingebaut sein. Hiroshi Ishiguro ist ein japanischer Roboterforscher, der solche Körper schon jetzt herstellt, die zudem menschliche Bewegungen ausführen und vor allem die gleiche Mimik zeigen wie ihr Original. Ishiguro lässt sich inzwischen von seinem künstlichen Doppelgänger in Meetings und Vorlesungen vertreten.[231]

Ein Roboterpfarrer hat kein Burn Out-Risiko, braucht deutlich weniger Zeit, um eine Predigt zu schreiben oder Verwaltung auszuführen, kann sich deshalb um deutlich mehr Menschen in der Seelsorge kümmern. Darüber hinaus ist gegenüber Robotern das Phänomen des „Over-Trust" erforscht, das in der Regel ein Problem darstellt, aber hier von Nutzen ist: Menschen trauen Robotern und Computern mehr, obwohl sie eigentlich wissen, dass der Roboter gerade einen Fehler macht.[232] Sie vertrauen daher künstlichen

---

231 A.D. Cheok/K. Karunanayaka/E.Y. Zhang: Lovotics, 203.
232 J. Borensetin/A. Howard/A.R. Wagner: Pediatric Robotics and Ethics, 132f.

Systemen leichter als ihren Mitmenschen (sogar den Mitmenschen, mit denen sie zusammenleben oder die sie sehr gut kennen). Das erleichtert die Seelsorge ungemein.

Es hängt alles daran, wie gut Computer wirklich werden, damit sie solche Berufe ersetzen. Da sie schon jetzt sehr gut sind, ist davon auszugehen, dass sie mit der Heuristik aus selbstlernenden Systemen und Big Data auch Akademiker-Berufe überflüssig machen. Zwar hat es solche Einbrüche der Technik ins Arbeitsleben historisch immer wieder gegeben. Karl Marx hatte sie im 19. Jahrhundert zu einem Wesensmerkmal der kapitalistischen Produktionsweise erklärt.[233] Dennoch haben solche Entwicklungen die menschliche Arbeit nicht überflüssig gemacht, sondern nur zu neuen Berufen geführt. Auch Harari kann sich prinzipiell vorstellen, dass im Jahr 2033 neue Berufe erfunden worden sein werden, die man heute noch nicht braucht, aber dann brauchen wird. Allerdings ist seine Prognose düsterer: „The crucial problem is creating new jobs that humans perform better than algorithms.“[234]

Damit rechnet Harari mit einem Ausbruch aus dem zyklischen historischen Muster, dass technische Entwicklungen menschliche Arbeit zwar für eine bestimmte zeitliche Dauer verdrängen, bis neue Berufe erfunden werden. Marx hatte dieses historische Muster festgestellt, aber ebenso ein Ende solcher Entwicklungen für möglich gehalten. Danach könne es sein, dass der technische Anteil an der Produktion von Lebensmitteln und Dienstleistungen die menschliche Arbeit komplett verdrängt. Er nannte diesen Zustand das „Reich der Freiheit …, da, wo das Arbeiten, das durch Not und äußere Zweckmäßigkeit bestimmt ist, aufhört.“[235] Die Vorstellung wird bei ihm mit der kommunistischen Gesellschaft verbunden: Die Natur wird durch den Menschen beherrscht, nun aber so, dass „der vergesellschaftete Mensch, die assoziierten Produzenten, diesen ihren Stoffwechsel mit der Natur rationell regeln, unter ihre gemeinschaftliche Kontrolle bringen…; ihn mit dem geringsten Kraftaufwand und unter den ihrer menschlichen Natur würdigsten und adäquatesten Bedingungen vollziehn.“[236] Dies leistet die

---

233 K. Marx: Das Kapital Bd. 3, 454.
234 Y.N. Harari: Homo Deus, 380.
235 K. Marx: Das Kapital Bd. 3, 828.
236 Ebd.

vergesellschaftete Technik, „die assoziierten Produktionsmittel"[237]. Hans Jonas hat bereits in dieser Stelle die marxistische Vision gesehen, dass die Technik den Menschen von der Erwerbsarbeit freistellt und ihm die Versorgung sicherstellt. Der Mensch wird befreit zur Muße: zur freiwilligen Arbeit, um sich zu bilden oder sich selbst zu verwirklichen.[238]

Doch eigentlich liest Jonas Marx vom kommunistischen Philosoph Ernst Bloch her.[239] Während Marx noch die Arbeit zur bleibenden Aufgabe im „Reich der Notwendigkeit"[240] erklärte und im Kommunistischen Manifest sogar einen gleichen Zwang zum Arbeiten forderte[241], sah erst Bloch in seinem Werk „Das Prinzip Hoffnung" in der Kernenergie die Chance, dass die Natur sich zur Natur für den Menschen umgestalten könne.[242] Durch vollautomatische Produktion und einen unausschöpflichen Energiestrom kann die Menschheit davon entlastet werden, für ihre Versorgung selbst arbeiten zu müssen. Voraussetzung ist nur, dass die Erträge der Produktion auf alle Menschen gerecht verteilt werden. Interessant ist, dass Bloch diese Hoffnung entwickeln konnte, ohne mit einem weiteren wesentlichen Fortschritt zu rechnen. Ihm faszinierten schon hinreichend die Kräfte der Atomenergie: „ein Gramm Radium-Emanation enthält 160 Millionen PS Arbeitsfähigkeit. … Einige hundert Pfund Uranium und Thorium würden ausreichen, die Sahara und Wüste Gobi verschwinden zu lassen."[243] Den Rest erledigen die Naturkräfte. Aber Fortschritt setzt Erfindungen voraus, Erfindungen wiederum Wissen. Erst wenn Wissen vollautomatisiert ist, kann ein vollautomatisierter Produktionsprozess auch Fortschritt enthalten. Und erst dann ist es möglich, dass Erwerbsarbeit grundsätzlich abgeschafft wird.

---

237 Ebd.
238 H. Jonas: Das Prinzip Verantwortung, 343.
239 Jonas bescheinigt Marx: „An der fortschreitenden Mechanisierung sah er nur den Segen der Arbeitsersparnis" (H. Jonas: Das Prinzip Verantwortung, 408). Daran ist nur richtig, dass Marx offenbar eine Versöhnung zwischen Mensch und Maschine denken konnte, indem er den Kampf der Arbeiter gegen die Arbeitsmittel der kapitalistischen Produktionsweise zuschrieb (K. Marx: Das Kapital Bd. 1, 451f).
240 K. Marx: Das Kapital Bd. 3, 828.
241 K. Marx/F. Engels: Manifest der Kommunistischen Partei, 69.
242 E. Bloch: Das Prinzip Hoffnung Bd. 2, 774f.
243 Ebd.

Harari also knüpft an eine kommunistische Utopie an. Aber erst er vollendet die Vorstellung, dass das Muster unterbrochen werden kann, dass Maschinen Menschen aus der Produktion verdrängen, aber dafür neue Berufe erfunden werden. Interessanterweise verbindet aber Harari mit seiner Einschätzung keine kommunistische Hoffnung, sondern entwickelt im Gegenteil ein verheerendes Szenario für die Zukunft der Menschheit. Der Mensch wird zunehmend nutzlos, weil sich Intelligenz auch künstlich generieren lässt, also auch ohne Bewusstsein.[244] Damit verbunden ist, dass der Schutz der Menschenwürde keine funktionale Bedeutung für Gesellschaften mehr hat.[245] Harari vergleicht das Verhältnis zwischen KI und Mensch mit dem Verhältnis zwischen Mensch und Tier. Tiere werden als Mastvieh gehalten. Für diese Tiere ist es völlig überflüssig, dass sie ein subjektives Bewusstsein haben.[246] Ihre Gefühle sind überflüssig; man braucht nur ihr Fleisch. Wir Menschen missachten die subjektiven Leiden der Tiere, die sie haben, weil sie ein Bewusstsein haben. Wir rechtfertigen das in der Regel damit, dass wir eine höhere Intelligenz haben als Tiere. Dieselbe Funktionslosigkeit unseres Bewusstseins droht nun auch im Verhältnis zur KI: „Would it be okay, for example, for an artificial intelligence to exploit humans and even kill them to further its own needs and desires? If it should never be allowed to do that, despite its superior intelligence and power, why it is ethical for humans to exploit and kill pigs?"[247]

Damit verbunden lehnt Harari letztlich die kommunistische Utopie ab, es wäre für eine menschengerechte Gesellschaft besser, wenn Menschen nicht mehr arbeiten müssten. Ohne Arbeit wären Menschen in einer Gesellschaft nutzlos und ihr Bewusstsein sozial funktionslos. Schon Hans Jonas hat in seiner Kritik an Ernst Bloch ähnlich argumentiert. In seinem Buch „Das Prinzip Verantwortung" hat er eine Gesellschaft für menschenunwürdig gebrandmarkt, in der Menschen sich nur noch nutzlosen Musen widmen müssen: *„Die Abscheidung vom Reiche der Notwendigkeit entzieht der Freiheit ihren Gegenstand. ... Leere Freiheit, wie leere Macht, hebt sich*

---

244 Y.N. Harari: Homo Deus, 361.
245 AaO, 356.
246 AaO, 96.
247 AaO, 116.

selber auf. ... Oder: *Es gibt gar kein ‚Reich der Freiheit' außerhalb des Reiches der Notwendigkeit.*"[248]

Wenn also der Mensch durch künstliche Intelligenz und vollautomatisierte Produktionsprozesse von der Erwerbsarbeit freigestellt ist, dann hat er überhaupt keine Funktion in der Gesellschaft, sondern wird überflüssiger Ballast. Dasselbe gilt dann von seinem Bewusstsein und schließlich auch von seiner Autonomie. Harari rechnet damit, dass die menschliche Autonomie zugunsten einem global interagierenden intelligenten Netzwerk verschwindet.[249] Ein gutes Beispiel dafür sind die Szenarien für autonom fahrende Autos, wie ich sie schon dargestellt habe.[250] Wenn alle Autos miteinander vernetzt sind und dadurch der Verkehr sicherer und staufrei fließt, darf der Mensch nicht mehr selbst fahren. Seine Autonomie im Straßenverkehr wird dann überflüssig.

Dasselbe zeigt sich auch in anderen Bereichen. Vor Bundestagswahlen können Bürger im Internet den sogenannten Wahl-O-Mat anklicken: Sie werden dann interviewt, welche Meinung sie zu bestimmten politischen Themen haben. Und am Ende werden sie darüber informiert, welche Partei ihrer Meinung am ehesten entspricht. Was passiert hier? Anstatt dass Bürger danach ihr Kreuz setzen, welche Partei sie wählen *wollen*, entscheiden sie jetzt danach, welche *Informationen sie über ihren Willen* haben. Nicht weil ich SPD wählen will, sondern weil eine automatische Datenauswertung mich darüber informiert, dass ich SPD wählen will (was ich bis dahin nicht wusste, dass ich sie wählen will), wähle ich SPD. Natürlich könnten Sie einwenden und sagen, dass der Wahl-o-Mat mir doch nur sagt, was ich will, und dass deshalb doch meine Autonomie entscheidet. Der Wahl-o-Mat hilft mir also, meinen Willen besser zu erkennen, und fördert geradezu meine Autonomie. Aber damit sagen Sie, dass der Algorithmus mich eben besser kennt als ich mich kenne: „Liberal habits like democratic elections will become obsolete, because Google will be able to represent even my own political opinions better than I can."[251] Und in der Konsequenz heißt das,

---

248   H. Jonas: Das Prinzip Verantwortung, 364f, Herv. H.J.
249   Y.N. Harari: Homo Deus, 394.
250   Kap. 5.
251   Y.N. Harari: Homo Deus, 394.

dass meine Autonomie überflüssig wird.[252] Sie gehört allenfalls noch zu den „integral parts of a huge global network."[253]

7.3 Die kommunistische Vergesellschaftung von Produktionsmitteln

Die entscheidende Herausforderung scheint daher darin zu bestehen, wie der Mensch verhindern kann, überflüssig zu werden. Wie kann er also seine Menschenwürde retten? Für Harari hat sich der Schutz der Menschenwürde nicht etwa deshalb durchgesetzt, weil Menschen irgendwann moralisch besser geworden sind, sondern weil Menschenwürde den funktionalen Bedürfnissen einer Gesellschaft am besten entsprochen hat.[254] Wenn der Mensch aber im Zeitalter von Robotik und KI nutzlos wird, wie kann seine Menschenwürde dann gewahrt bleiben?

Ich schlage dazu zwei Schritte vor:

1. Er muss dazu die politische Kontrolle über die vollautomatischen ökonomischen Prozesse behalten.
2. Die zwischenmenschliche Kommunikation muss in ihrer gesellschaftlichen Funktionalität geschützt werden.

Beides schließt eine Entscheidung darüber ein, welches Bild man von KI und Robotik haben sollte. Der drohende Funktionsverlust des Menschen in der Gesellschaft setzt ja voraus, dass künstliche technische Systeme *Gesellschaften* sind, dass also elektronische Netzwerke von Rechenmaschinen *soziale* Gebilde sind. Es ist alles andere als selbstverständlich, warum man das so denken sollte: Man könnte auch einfach sagen, dass vernetzte Maschinen Fabriken sind. Unsere Gesellschaft wird dann durch eine Mega-Fabrik ersetzt.

Es ist aber klar, wie man darauf kommt, dass Roboter Gesellschaften bilden: Wenn Roboter so aussehen und sich so bewegen wie Menschen und wenn KI menschliches Bewusstsein ersetzt, könnte man annehmen, sie seien

---

252 Hierin liegt die ethische Bedeutung der Diskussion um den freien Willen: Wenn der Wille keine Anerkennung verdient, weil er unfrei ist (was er vermutlich ist), wird Autonomie ethisch überflüssig.
253 Y.N. Harari: Homo Deus, 394.
254 AaO, 357.

soziale Wesen. Tatsächlich erbringen sie aber Leistungen, die nur in einer menschlichen Gesellschaft als funktionsanalog zu menschlichen Leistungen betrachtet werden können. Kurz gesagt: Wenn Autos vollautomatisch gebaut werden und der Verkehr vollautomatisch fließt, erfüllt das nur dann eine gesellschaftliche „Funktion", wenn Menschen Autos benutzen. Werden sie dagegen nur gebaut, um Einzelteile vollautomatisch zu Fertigungsstätten zu transportieren, erfüllen sie zwar eine Funktion für die Ökonomie, ohne dass aber die Ökonomie noch eine Funktion hat. Die Ökonomie dient dann nicht mehr einer Gesellschaft, sondern der Automatismus hat dann einen Selbstzweck. Und es ist willkürlich, einen solchen Selbstzweck eine „Gesellschaft" zu nennen. Ebenso gut könnte man dann ein Uhrwerk eine Gesellschaft nennen.

Gesellschaften sind Strukturen, aber nicht alle Strukturen sind Gesellschaften. (Molekulare Strukturen sind keine Gesellschaften.) Zudem gibt es auch intelligente Strukturen, die keine Gesellschaften sind. Es ist einerseits eine Tautologie (also eine Aussage, die nichts sagt), wenn ein vollautomatischer Prozess Menschen ausschließt; in vollautomatischen Prozessen müssen Menschen nutzlos sein, sonst sind die Prozesse nicht vollautomatisch. Es ist andererseits ein gefährliches Bild, wenn man daraus folgert, dass Menschen in der Gesellschaft überflüssig sind. Man reduziert Gesellschaft auf Ökonomie und man missversteht vollautomatische ökonomische Strukturen bereits als Gesellschaft.

Es könnte also wünschenswert sein, dass der Mensch am ökonomischen Prozess selbst nicht mehr mitwirken muss, sprich: dass er keine Erwerbsarbeit mehr leisten muss. Wünschenswert ist das aber nur dann, wenn er in der Gesellschaft integriert bleibt. Und das ist nur dann erfüllt, wenn die Gesellschaft mehr ist als das Wirtschaftssystem. Es muss also soziale Prozesse geben, die nicht in der Funktionslogik der Ökonomie aufgehen. Das sind

1. entweder ökonomisch unabhängige Prozesse – die gibt es eigentlich nur unter sehr speziellen Bedingungen. Jeder Mensch und jede soziale Bindung ist auf wirtschaftliche Bedingungen angewiesen. Ökonomisch unabhängig könnten dann nur Prozesse sein, die sehr kurz andauern (zum Beispiel ein kurzes Treffen) oder die umgekehrt eine so hohe Stabilität besitzen, dass sie auf wirtschaftliche Prozesse nicht angewiesen

sind (sehr hoher materieller Reichtum, der nicht weiter wirtschaftlich generiert werden muss, oder ideelle soziale Beziehungen, die materiell unverletzbar sind, etwa das Reich Gottes).

2. Oder es sind soziale Prozesse, die ihre eigene Funktionslogik haben und mit ihr direktiven Einfluss auf die Ökonomie haben anstatt umgekehrt.

Der zweite Punkt trifft etwa auf die politische Kontrolle über die Ökonomie zu. Der Mensch wird also dann nicht nutzlos, wenn er sich zwar aus der wirtschaftlichen Produktion zurückzieht und sie dem Automatismus überlässt, aber doch politischen Einfluss auf die Ökonomie behält. Zum politischen Einfluss auf die Wirtschaft würde gehören, die Ziele der Ökonomie festzulegen und die Menschenwürde vor dem Automatismus zu schützen.

Tatsächlich ist es eine charakteristische Entwicklung moderner Staaten, dass die Erwerbsarbeit zur Produktion von Gütern zurückgeht, während die politische Arbeit zunimmt. Während noch vor 100 Jahren die meisten Menschen in der Landwirtschaft beschäftigt waren, ist der größte Arbeitgeber in den heutigen modernen Gesellschaften der Staat. Der Staat produziert aber nichts, sondern steuert das politische Gemeinwesen.[255] Während viele Ökonomen diese Situation bemängeln und einen Bürokratieabbau fordern, scheint genau das Gegenteil ethisch wünschenswert zu sein: Der Mensch achtet auf die Einhaltung der Achtung der Menschenwürde durch politische Instrumente. Und er kontrolliert die gesellschaftliche Integration angesichts einer Wirtschaft, die aufgrund ihrer Vollautomatisierung sich leicht gesellschaftlich entkoppeln könnte.

Noch einmal: In der vollautomatisierten Ökonomie werden alle Lebensmittel und Konsummittel durch Roboter und Computer hergestellt. Kein Mensch ist dazu nötig. Also ist es auch kein Problem, wenn der Staat viele Menschen beschäftigt. Politische Arbeit ist keine Erwerbsarbeit und muss nicht produktiv sein. Sie muss aber politisch effektiv sein. Und das ist sie dann, wenn sie die gleiche Achtung aller Menschen sicherstellt.

---

255 „Die öffentlichen Ausgaben für Bildung und Gesundheit machen zu Beginn des 21. Jahrhunderts zwischen 10 % und 15 % des Nationaleinkommens aus." (Th. Piketty: Das Kapital im 21. Jahrhundert, 636). Daraus folgert Piketty: „Das Gewicht des Staates war nie so groß wie heute" (634).

Eine solche Gesellschaft ist kommunistisch. Das heißt: Derjenige Teil des Privateigentums, der zur ökonomischen Produktion verwendet wird, steht unter staatlicher Kontrolle. Eine kapitalistische Wirtschaftsform ist jetzt unnötig: Kein Unternehmen muss Kapital generieren, um im Konkurrenzkampf zu bestehen. Es braucht keine Unternehmer, die sich von ihren Mitarbeitern durch den sogenannten „Mehrwert der Arbeit"[256] das Risiko bezahlen lassen, dass ihre Ware mit Verlust produziert wird.[257] Es braucht schließlich kein Privateigentum für den ökonomischen Prozess, damit Menschen motiviert werden, überhaupt etwas zu erwirtschaften. Denn sobald die Ökonomie vollautomatisiert ist, produzieren nur noch künstliche Systeme, die keine Motivation brauchen und keine Gefühle haben. Ineffiziente Produktionsmethoden werden mit Algorithmen frühzeitig erkannt und flexibel umgeschaltet; wirtschaftliche Verluste werden vom Gesamtsystem getragen. Und es gibt keinen „Mehrwert der Arbeit" mehr. Vielmehr produzieren Maschinen, ohne dass sie als Lohn eine Gegenleistung bekommen müssen.

Wenn also produziert werden kann, ohne dass jemand dafür bezahlt werden muss und ohne dass jemand davon Gewinne machen muss, wird nicht nur der Arbeiter nutzlos, sondern auch der Unternehmer. Hararis Gegenmodell, dass nur noch eine kleine Elite von Menschen die Algorithmen verstehen muss, damit das Gesamtsystem funktioniert[258], ist dagegen bereits ökonomisch gefährlich. Wenn nur noch wenige alles besitzen, gibt es nur noch wenige Marktteilnehmer, was den Markt gefährdet.[259] Die vollautomatische Ökonomisierung schafft also den Kapitalismus ab.

Nicht Kapitalisten werden dann über Menschen herrschen, aber Maschinen könnten über sie herrschen. Und damit das nicht passiert, muss die Ökonomie in die politische Steuerung von Menschen übergehen. Hier, in der Politik, könnte Harari recht haben. Die Gefahr besteht, dass einige wenige Machthaber die Informationen politisch kontrollieren, die sie vom ökonomischen Gesamtprozess bekommen. Hararis befürchtet einen

---

256 K. Marx: Das Kapital Bd. 1, 228.
257 A. Smith: Wohlstand der Nationen, 71, 103.
258 Y.N. Harari: Homo Deus, 376.
259 K. Marx: Das Kapital Bd. 3, 260, 267. Th. Piketty: Das Kapital im 21. Jahrhundert, 40, 500, 778.

schleichenden Prozess der Entdemokratisierung.[260] Tatsächlich wird ja auch in der Politik Künstliche Intelligenz eingesetzt, die Informationen schneller und umfassender einholt als Menschen. Der Staat könnte also doch schlanker werden.

Es gibt auch hierfür aktuelle Beispiele, wie demokratische Strukturen sogar in stabilen demokratischen Gesellschaften zerstört werden. Nicht nur die populistischen Herrscher der Gegenwart sind dafür ein Beispiel, die Trumps, Putins, Kurzs und Erdogans. Der türkische Präsident konnte sich seit 2016 sogar die Entlassung von 10 000 Beamten leisten und damit eine Verschlankung des Staats. Aber auch die Europäische Union hat dazu geführt, dass ihre Bürger nicht über die Politik des Ministerrats abstimmen können. Die europäischen Richtlinien sind gegenüber den Staatsgesetzen der Mitgliedsstaaten höherwertig, d.h. Landesgesetze müssen ans europäische Recht angepasst werden. Aber die Bürger können nur das Europäische Parlament wählen, das kaum Befugnisse hat. Die Richtlinien des Ministerrats dagegen können von den Staatsbürgern nicht mit Wahlen kontrolliert oder korrigiert werden. Hararis Befürchtung, dass kleine Eliten über uns regieren, wird sogar durch europäische Strukturen genährt, deren Mitgliedsstaaten als vorbildliche Demokratien gelten.

Die Aufgabe der Menschen geht also weit über die Muße hinaus und bedeutet sehr viel mehr als Rosenzucht, die Hans Jonas polemisch gegen Ernst Bloch einwendet.[261] Die gesellschaftliche Aufgabe besteht darin, die Kontrolle der Politik über die (verstaatlichte, weil vollautomatisierte) Ökonomie demokratisch zu gestalten. Cyberspace-Aktivisten wie Jaron Lanier oder Yvonne Hofstetter fordern seit Langem, dass jeder Internet-Nutzer Eigentümer der Daten ist, die er im Netz hinterlässt. Es gibt Transparenzforderungen, wonach Internetkonzerne alle Daten herausgeben müssen, die sie von uns gesammelt haben. Politik trifft Wirtschaft: Während die Internetkonzerne einwenden können, dass sie diese Informationen mit ihren eigenen Algorithmen selbst generiert haben und dass sie somit ihr *Eigentum* sind, können Einzelpersonen anführen, dass sie ein *Recht* auf ihre Daten haben. Der Konflikt lässt sich lösen, wenn Privateigentum nur noch zugelassen wird außerhalb des ökonomischen Systems. Das heißt aber dann auch, dass die

---

260 Y.N. Harari: Homo Deus, 376, 398f, 435, 437.
261 H. Jonas: Das Prinzip Verantwortung, 358.

Politik entscheiden kann, welche Daten für die Wirtschaft zur Verfügung gestellt werden und welche zurückgehalten werden dürfen. Das schließt ein, die Bereiche zwischenmenschlicher Kommunikation zu schützen, die nicht ökonomisch verwertet werden.

Dass diese Entscheidung demokratisch getroffen werden sollte und keiner Elite überlassen werden dürfte, lässt sich mit einer Art Gesellschaftsvertragsidee klarmachen. Die Idee des Gesellschaftsvertrags ist ein fiktiver Urzustand, in der sich alle Menschen vereinbaren, nach welchen Prinzipien sie zusammenleben wollen. Dabei geht dieser Urzustand in die Gesellschaft ein: Wenn zum Beispiel alle Mitglieder der künftigen Gesellschaft jetzt mitreden dürfen, dann wird der allgemeine Wille aller in der Gesellschaft irgendwie repräsentiert sein. Soweit die Idee.

Angewendet auf den Fall der vollautomatisierten verstaatlichten Ökonomie heißt das, dass im Urzustand keine einzelne Elite private Interessen an der Ökonomie hat. Die Ökonomie ist verstaatlicht worden, und die politischen Interessen an der Ökonomie sind ursprünglich gleich verteilt. Eine Gesellschaft kann jetzt nur dann gerecht sein, wenn keine Mitglieder der Gesellschaft aus der Kontrolle der Ökonomie ausgeschlossen sind. Die politische Kontrolle über die Ökonomie darf nicht einer Elite überlassen bleiben, weil sie sonst das ökonomische System wie ihr Privateigentum behandelt und es ökonomisch verwertet. Zwischen Politik und Ökonomie wird also nur dann unterschieden, wenn die verstaatlichte Ökonomie zugleich unter demokratischer Kontrolle steht. Ansonsten dient politische Macht den wirtschaftlichen Interessen der Elite oder, umgekehrt, der Informationsvorteil der Elite in wirtschaftliche Daten wird für eine politische Herrschaft ausgenutzt. In beiden Fällen wird die Wirtschaft zum Privateigentum der Elite gemacht. Das lässt sich nur unter demokratischen Bedingungen verhindern.

Ich widerspreche also Harari aus politischen Gründen. Es mag ja sein, dass nur eine Elite die Algorithmen kennen muss, damit sie ökonomisch funktionieren. Aber in einer vollautomatisierten Ökonomie dürfte eigentlich nicht einmal die Elite die Algorithmen kennen. Umgekehrt jedoch liegt die politische Funktion des Menschen in seiner Menschenwürde und nicht in seiner ökonomischen Verwertbarkeit. Deshalb besteht die Zukunft des Menschen darin, die vollautomatisierte Ökonomie demokratisch zu steuern, und zwar auch dann, wenn das ökonomisch nicht funktionell ist.

7.4 Der religiöse Charakter der Kommunikation schützt den Menschen vor der Nutzlosigkeit

Vielleicht ist jede Form der menschlichen Kommunikation ökonomisch verwertbar, auch die religiöse Kommunikation: Sekten können Menschen abzocken so wie die Kirchen in Zeiten der Ablassbriefe. Dazu muss aber die Ökonomie die religiöse Kommunikation als solche achten, die sie ist. Sie kann sie nicht transformieren.

Wird dagegen Kommunikation von Künstlicher Intelligenz vereinnahmt und ausgewertet, wird die religiöse Kommunikation durch die Maschen fallen. Zwar kann Big Data identifizieren, welche Kommunikation religiös ist. Sie kann unterscheiden, ob wir uns über Gott unterhalten oder über einen tollen Fußballspieler. Aber KI wird dadurch nicht die semantischen Gehalte unserer religiösen Kommunikation verstehen. Ich möchte nun zeigen, warum es eine Verkürzung darstellt, dass die klassische Form der virtuellen Vereinnahmung menschlicher Kommunikation darin besteht, sie als Information zu verarbeiten. Kommunikation sind bloße Daten. Es gibt aber in der menschlichen Kommunikation Dimensionen, die sich so nicht transformieren lassen, und zwar deshalb, weil sie selbst keine Gehalte sind und deswegen auch nicht Informationsgehalte werden können. Und diese Dimensionen sind religiös.

Eine Dimension ist dabei der Widerfahrenscharakter von Ereignissen. Davon habe ich in diesem Buch schon mehrfach gesprochen und werde mich hier nur auf wenige Bemerkungen konzentrieren. Damit ich kommunizieren kann, muss ich einem Kommunikationspartner *begegnen*. Die Begegnung hat einen Widerfahrenscharakter. Sie geht nicht darin auf, dass ich zu einer bestimmten Uhrzeit ein Gespräch angefangen habe oder dass wir uns gleichzeitig am selben Ort befinden. Begegnungen widerfahren. Der Widerfahrenscharakter erzeugt einen anderen Eindruck als das, worüber gesprochen wird oder wie die Menschen aussehen, die sich da begegnen.

Manche Begegnungen sind irgendwie merkwürdig, aber wir können nicht sagen, warum. Das Merkwürdige lässt sich nicht auf die Gehalte reduzieren. Selbst wenn man alle Daten der Begegnung auswerten würde – Aussagegehalte, Mimik, aber auch chemische Substanzen, die wir voneinander unbewusst riechen, oder unsere Sozialisation (vor Frauen verhalte ich mich anders als vor Männern) –, selbst wenn also alle dieser Informationen verfügbar wären, würde man das Merkwürdige an der Begegnung nicht repräsentieren. Der Grund liegt darin, was ich schon im Kapitel über die kategoriale Verwendung des Statusbegriffs gesagt habe (Kap. 4): Der Widerfahrenscharakter ist eine andere Kategorie als Gehalte wie Eigenschaften oder Informationen.

Nehmen wir einmal an, Sie hätten eine merkwürdige Begegnung mit mir. Und Sie erzählen danach einer Kommilitonin, dass die Begegnung mit mir so merkwürdig war. Ihre Kommilitonin wird wissen wollen, was komisch daran war. Vielleicht fangen Sie an, die Begegnung zu beschreiben: Ohly hat heute so komisch geguckt oder er hat wenig geredet. Richtig unfreundlich war er nicht, und worüber Sie mit Ohly reden wollten, haben Sie auch gekonnt. Trotzdem war irgendwas merkwürdig. Und wir nehmen weiter an, Ihre Kommilitonin studiert im Nebenfach Informatik und hat ein Ganzkörper-Scanner-Programm zur Verfügung, mit dem sie alle Informationen auslesen kann, die während einer Begegnung generiert werden. Und sie schickt Sie erneut zu mir, damit alle Informationen ausgewertet werden können, die zur merkwürdigen Begegnung geführt haben. Der Einfachheit halber bin ich jetzt bei Ihrer zweiten Begegnung immer noch merkwürdig. Dann könnte doch die Kommilitonin Ihnen jetzt erklären, warum die Begegnung merkwürdig war. Sie fanden die Begegnung zwar merkwürdig, aber Ihre Kommilitonin hat die Informationen, die Ihnen erklären kann, was merkwürdig war.

Mit Big Data könnte man wunderbar auswerten: Immer wenn der Gesprächspartner so oder so guckt, wenn bestimmte Wörter öfter fallen und der Gesprächspartner ein schwarzes Hemd an hat und außerdem bestimmte Pheromone ausdünstet und wenn er außerdem einen Bart hat, den Ihr Nachbar hatte, als Sie vier Jahre alt waren – ist das Gespräch merkwürdig. Warum ist das alles trotzdem keine Erklärung dafür, dass die Begegnung merkwürdig war?

Der Grund ist: Das Merkwürdige ist damit nicht als Information erfasst. Es kann ja sein, dass ich ein schwarzes Hemd an habe, aber das ist nicht merkwürdig. Und dass Ihr Nachbar einen ähnlichen Bart wie ich trug, ist nicht merkwürdig. Am ehesten könnten die chemischen Substanzen erklären, warum die Begegnung merkwürdig war: Wir wissen zum Beispiel, dass sich Menschen sympathisch sind, die einen unterschiedlichen

140

Körpergeruch haben, sich dagegen unsympathisch finden, wenn sie den gleichen Körpergeruch haben. Es ist also gut denkbar, dass Sie und ich zufällig den gleichen Körpergeruch haben und uns deshalb unsympathisch sind. Aber das erklärt noch nicht, warum die Begegnung merkwürdig war. Menschen, die sich unsympathisch sind, können auch völlig klare Begegnungen haben, sich anpöbeln oder anschreien. Nichts muss daran merkwürdig sein.

Das heißt also: Selbst wenn Big Data voraussagen kann, dass Sie die Begegnung merkwürdig finden werden, wenn Sie mich morgen sehen, kann Big Data nicht erklären, was es überhaupt bedeutet, merkwürdig zu sein. Merkwürdig sind nicht wir – jedenfalls nicht zwingend –, sondern der Widerfahrenscharakter der Begegnung. Trage ich morgen wieder das schwarze Hemd und schwitze genauso wie heute, dann könnte es sein, dass Ihre Kommilitonin fragt: „Und, war es wieder merkwürdig?" Und Sie antworten dann: „Nein, war völlig klar. Ich habe den Ohly angepöbelt."

Der Widerfahrenscharakter entzieht sich damit auch der Künstlichen Intelligenz. KI kann zwar Korrelationen herstellen, vielleicht sogar sichere Prognosen stellen, aber sie kann den Widerfahrenscharakter von Ereignissen nicht erfassen.

Menschen behalten in der Wahrnehmung dieser Dimension einen Vorteil gegenüber KI. Das ist die Dimension (oder Kategorie), auf die Menschen verweisen, wenn sie von Gott reden. Gott ist kein Etwas mit einem bestimmten Gehalt (deshalb gibt es ein biblisches Bilderverbot), sondern das Widerfahren von etwas. Gott ist Offenbarung, das Auftreten von etwas. Für solche Erfahrungen ist KI unempfindlich. KI kann zwar religiöse Erfahrungen reproduzieren, antizipieren oder analysieren, wenn sie die Korrelate untersucht (wie schwarze Hemden und Pheromone). Aber dabei ist KI auf Menschen angewiesen. Ohne den Menschen gäbe es keine Widerfahrnisse, sondern nur Gehalte. Es würde nie etwas auftreten, sondern alles sich in einem kontinuierlichen Ereignisfluss befinden, in einem Datenstrom.

Es hängt damit vom Menschen ab, ob er diesen entscheidenden Empfindungsvorteil gesellschaftlich nutzt oder nicht. Oder anders: Wenn religiöse Kommunikation gesellschaftsfähig ist, wird die Gesellschaft nicht durch Roboter und Computer beherrscht. Religiöse Menschen werden dann nicht zulassen, dass die menschliche Kommunikation auf bloße Daten reduziert

wird. Sie werden die Bedeutung von Begegnungen für die Gesellschaft kulti-
vieren und schützen. Und sie werden damit selbst nicht nutzlos werden.
Religiöse Kommunikation kann folglich ein Instrument zum Schutz der
Menschenwürde sein.

Sie kann, muss aber nicht, denn natürlich hängt es davon ab, *wie* religiös
kommuniziert wird. Manche Religionen verwechseln die Kategorie des Widerfahrens mit Gehalten und verwechseln dann auch Gott mit bestimmten
Informationen. Magie etwa ist der Versuch, mit Informationen eine göttliche Wirkung zu erzeugen. Gebetskreise, die sich vornehmen, damit kranke
Menschen zu heilen, missverstehen ebenso das Widerfahrnis als Technik.
Und schließlich können Religionen gewalttätig sein. Dahinter steckt dasselbe Missverständnis, nämlich Gottes Wirksamkeit einzuprügeln, als wäre
Gott konditionierbar. Die Menschenwürde wird also nur dann durch Reli-
gion geschützt, wenn der Widerfahrenscharakter von Informationsgehalten
kategorial unterschieden wird (und nicht nur qualitativ oder quantitativ).
Übrigens können auch Atheisten in diesem Sinne religiös kommunizieren,
selbst wenn sie nicht an Gott glauben, aber die kategoriale Differenz des
Widerfahrenscharakters von Daten erkannt haben.

Indem ich sage, religiöse Kommunikation kann ein Menschenwürde-
Verstärker sein, behaupte ich nicht, dass nur religiöse Kommunikation das
kann. Geschichtliche Erfahrungen können hier ebenso mahnende Beispiele
sein. Allerdings entzieht sich religiöse Kommunikation eher der technischen Verfügbarkeit. Geschichtliche Erfahrungen etwa lassen sich datentechnisch speichern und wiedererkennen. Wenn ein Computerprogramm
erkennt, dass jemand ein Antisemit ist, dann kann es die Gesellschaft
vielleicht leichter vor Antisemitismus schützen, indem es seine Freiheit
einschränkt – aber auch andere Freiheiten einschränken. Die Bedeutung
von Menschenwürdeverletzungen geht nicht in geschichtlich speicher-
baren Gehalten auf, sondern hängt vielmehr am Widerfahrenscharakter
der Verletzung.

Ich möchte an dieser Stelle noch einen wichtigen Einwand diskutieren.
Man könnte gegen meine Position argumentieren, dass ja alle sprachlichen
Bedeutungen von KI nicht verstanden werden. KI versteht nicht nur nicht,
was ein Widerfahrnis ist. Sie versteht auch nicht, was Milch ist oder ein
Kind oder Regen. Zwar kann KI das alles erkennen und unterscheiden, ohne
aber zu wissen, was das ist. Dennoch reichen ja die intelligenten Prozesse

von KI schon aus, um in vielen Hinsichten intelligenter zu agieren als Menschen. Obwohl KI nicht weiß, was die Bedeutung von Milch ist, kann sie besser einschätzen, wie lange haltbar die Milch sein wird und wie viel Milch eine Kuh heute schon gegeben hat. Warum dann Religion besonders hervorheben? KI weiß auch nicht, was Gott ist. Aber wenn KI sich selbst konditionieren kann, wann Widerfahrnisse auftreten, kann sie religiöse Ereignisse sicherer erkennen als Menschen. (Es gibt ja auch sogenannte religiös unmusikalische Menschen, die dann der Künstlichen Intelligenz unterlegen sind, obwohl KI nicht versteht, was Religion überhaupt ist.)

Der Unterschied zwischen Gott und Milch ist aber der, den ich vorhin schon hervorgehoben habe: Milch ist in Daten zerlegbar, Gott nicht. Milch gehört nämlich ebenso wie Daten zur Kategorie der Gegenständlichkeit, Gott dagegen zur Kategorie des Widerfahrens, die sich deshalb nicht in der Kategorie der Gegenständlichkeit vergleichen lässt. Das Problem ist nicht, dass KI die Bedeutung von Wörtern nicht versteht, sondern dass sie die Bedeutung von Kommunikation nicht versteht – zu der der Widerfahrenscharakter wesentlich gehört. Auch Milch kann einem widerfahren, und Gespräche über Milch können einen Widerfahrenscharakter haben. Dafür gibt es keine technische Funktionsäquivalenz, für Milch dagegen schon (man denke etwa an synthetisch hergestellte Milch).

Noch ein zweiter Einwand: Ich sagte, dass religiöse Kommunikation helfen kann, dass der Mensch in einer durchtechnisierten Gesellschaft künstlicher Intelligenz und roboterhafter Interaktion nicht nutzlos wird. Nun könnte ein religiös unmusikalischer Mensch einwenden: Warum sollten wir uns Menschen retten, wenn unser gesellschaftlicher Nutzen in der Religiosität besteht, ich aber nichts von Religion halte?

Meine Argumentation ist aber umgekehrt: Wer religiös kommuniziert, kann sich selbst nie nutzlos machen wollen. Religiöse Menschen haben also nicht nur gute Gründe, ihren Status gegenüber KI und Robotik zu verteidigen. Sie haben darüber hinaus eine gesellschaftliche Ressource, die von KI und Robotik nicht übernommen werden kann. Die Achtung der Menschenwürde kann man vermutlich auch mit nicht-religiösen Gründen verteidigen. Aber der gesellschaftliche Nutzen des Menschen kann in einer künstlichen Welt dennoch verlorengehen. Es mag also zwar sein, dass der Mensch eine Würde hat, aber trotzdem entbehrlich wird. Das wird er aber nicht im Hinblick auf die religiöse Kommunikation. Deshalb sollten religiöse Menschen daran interessiert sein, dass ihre Kommunikation gesellschaftlich gestärkt wird – und diejenigen Instrumente kontrolliert werden, die den Menschen bei der Ausübung seiner religiösen Kommunikation behindern. Oder anders: Die religiöse Kommunikation ist die Grenze der wirtschaftlichen Übernahme durch künstliche Akteure. Damit eine Gesellschaft mehr ist als eine technische Fabrik, ist religiöse Kommunikation von gesellschaftspolitischem Nutzen.

8. Schluss: Sind Asimovs Gesetze ausreichend?

Der Science Fiction-Autor Isaac Asimov hat schon in seinem Roman „I, Robot" von 1942 drei Gesetze formuliert, wie Roboter ausgestattet sein müssen, damit sie in einer menschengerechten Gesellschaft eingesetzt werden dürfen[262]:

1. Ein Roboter darf kein menschliches Wesen verletzen oder durch Untätigkeit zulassen, dass einem menschlichen Wesen Schaden zugefügt wird.
2. Ein Roboter muss den ihm von einem Menschen gegebenen Befehlen gehorchen – es sei denn, ein solcher Befehl würde mit Regel eins kollidieren.
3. Ein Roboter muss seine Existenz beschützen, solange dieser Schutz nicht mit Regel eins oder zwei kollidiert.

Mit den Ergebnissen dieses Buches möchte ich überprüfen, ob diese drei Gesetze ausreichen, um den ethischen Problemen der KI und Robotik Herr zu werden.

8.1 Keinem Menschen schaden

Ich hatte in Kapitel 6 das Problem des Cyberkriegs beschrieben. Dabei war die Militärrobotik untergeordnet, weil es bereits erhebliche Gefahren in sich birgt, wenn sich Menschen in das militärische System eines Staates einhacken. Virtuelle Angreifer kommen von nirgendwo und sind daher selbst nur virtuell schlagbar. Der virtuelle Krieg ist dabei aber immer ein asymmetrischer Krieg: Der Angreifer befindet sich in einem anderen Raum als die Geschädigten. Selbst wer sich virtuell verteidigt, steht seinem Angreifer nicht gegenüber, sondern agiert selbst aus einem virtuellen Raum.

Was verändert sich nun durch Militärroboter? Zunächst möchte ich erwähnen, dass es Militärroboter gibt, die menschliches Leben schützen, zum Beispiel Bombenentschärfer oder Abwehrsysteme. Wer darüber hinaus Krieg oder militärische Gewalt ablehnt, wird in Militärrobotern

---

262 I. Asimov: Ich, der Robot; Berlin 1958, 37.

keinen Sinn sehen. Aber nehmen wir an, es wäre gerechtfertigt, in bestimmten Fällen und unter bestimmten Bedingungen Krieg zu führen. Darf man dann Militärroboter einsetzen? Oder müssen sie als Waffensysteme geächtet werden?

Ich vermute, dass der Cyberkrieg die größere Gefahr darstellt als der Einsatz von Militärrobotern. Das liegt allein daran, dass die technischen Mittel für einen Hackerangriff günstiger sind: Sie kosten weniger und können dabei auf Systeme zurückgreifen, die nicht ihnen selbst gehören, sondern ihren Feinden. Dadurch können auch Privatpersonen künftig Krieg gegen einen Staat führen. Dagegen sind Militärroboter teuer und lassen sich kaum als militärische Massenware einsetzen. Sie sind für den Fall gedacht, dass man sich in die räumliche Nähe des Feindes begeben muss, um ihm zu schaden. Durch die Militärrobotik wird die virtuelle Entfernung wieder in eine Nähe des geometrischen Raums zurückgeführt. Das setzt gezielte und damit seltene Angriffe voraus. Eine Roboterarmee, die ganze Bodentruppen ersetzt, wird allein aus Kostengründen nicht realistisch sein: Die Akkus von Robotern entleeren sich schnell und bräuchten eine Ladestation auf sicherem Terrain. Selbst wenn Roboter sich mit erneuerbaren Energien selbst aufladen, gibt es Versorgungsengpässe in der Nacht.

Gezielte Angriffe können durchaus Todesopfer reduzieren. Wenn ich einen bestimmten Feind ausschalten will, etwa den Anführer eines Schurkenstaates, werden die Opfer reduziert, wenn ich nicht erst mit Bodentruppen eine Invasion in das Land vornehmen muss, sondern mit automatischen Aufklärungsdrohnen den Aufenthaltsort dieses Anführers ermittle und ihn dann gezielt mit einer Bombendrohne hinrichte. Allerdings hat diese Militärtechnik einen Haken: Sie ist eine asymmetrische Kriegsführung. Das Opfer ist auffindbar, der Angreifer befindet sich unangreifbar in sicherer Entfernung. Damit erhöht sich der Reiz, mit Militärdrohnen die Anzahl gezielter Hinrichtungen zu erhöhen. Barack Obama war der US-Präsident, der auf diese Weise die meisten Menschenleben vernichtet hat. Alle dieser Eingriffe waren völkerrechtswidrig. Die eigentlich effektive Methode, mit gezielten Kampfhandlungen Menschenleben zu reduzieren, könnte damit genau zum Gegenteil führen, dass mehr Menschen sterben: Sobald die Anführer getötet worden sind, könnte man in Versuchung geraten, die Hintermänner zu töten, bis man schließlich eine gesamte Terror-Organisation ausgerottet hat. Dabei kann man durchaus rückfragen, ob alle Mitglieder einer Terror-Organisation dieselbe Schuld tragen oder dieselbe Gefahr darstellen, die eine Tötung rechtfertigen.

Das spricht aber zunächst einmal nicht gegen Militärroboter als solche, sondern nur gegen ihre missbräuchliche Anwendung. Asimovs erstes Gesetz dagegen ist ein kategorisches Verbot. Es kennt keine Ausnahmen, nach denen es erlaubt wäre, dass ein Roboter Menschen tötet. Ich halte ein solches kategorisches Verbot nur unter den Bedingungen eines kategorischen Pazifismus für gerechtfertigt. Wenn man dagegen kriegerische Gewalt unter bestimmten Umständen rechtfertigen kann, ist nicht einzusehen, warum nicht Militärroboter Menschen töten dürfen. Wenn ein Krieg sich ethisch rechtfertigen lässt, dann müssen die Mittel verhältnismäßig sein.[263] (Das heißt zum Beispiel: Wenn ein Diktator getötet werden darf, ist es nicht legitim, eine Atombombe auf die Stadt zu werfen, in der er sich befindet.) Die Verhältnismäßigkeit kann durch Militärroboter besser gewährleistet werden als durch konventionelle Waffen.

Bei Militärrobotern unterscheidet man zwischen verschiedenen Stufen ihrer Autonomie. Anja Dahlmann[264] unterscheidet automatische von autonomen Waffensystemen: Automatische Waffen (wie eine Landmine) können in einfachen, strukturierten Umgebungen eine klar definierte Wenn-dann-Aufgabe übernehmen. Dagegen können autonome Waffen in veränderlichen und unstrukturierten Umgebungen Aufgaben übernehmen. Diese Unterscheidung reicht aber noch nicht aus: So kann etwa eine Drohne in Gebiete vordringen, von denen sie keine Informationen hat und die insofern für sie unstrukturiert sind. Dennoch muss die Drohne noch nicht autonom sein: Es könnte sein, dass sie ferngesteuert wird und ein Soldat am Display überblickt, wo sie sich befindet und was sie als nächstes tun soll. Hier gibt es eher eine Art Interaktion zwischen Mensch und Maschine.[265]

Leonard Kahn[266] nennt einen Roboter autonom, wenn alle seine Aktionen Ergebnis seiner Wahrnehmungen und intelligenten Prozesse sind.

---

263 W. Härle: Ethik, 414.
264 A. Dahlmann, Militärische Robotik als Herausforderung für das Verhältnis von menschlicher Kontrolle und maschineller Autonomie, 175.
265 AaO, 181.
266 L. Kahn: Military Robots and the Likehood of Armed Combat, 275.

Dagegen ist ein Roboter „semi-autonom", wenn nur manche seiner Aktionen Ergebnis eigener Wahrnehmungen und Gedanken sind. Welche Art von Robotern hält Asimovs erstes Gesetz besser ein?

Christian Schwarke hat eine interessante Beobachtung dazu gemacht. Wäre ein Militärroboter vollständig autonom, müsste das seine Entscheidung mit einschließen, dass der Roboter freiwillig seine Kampfhandlung beendet: „Da Krieg niemals eine vernünftige Option ist, würde eine vollständig rationale Maschine sich daran eigentlich nicht beteiligen können."[267] Zwar spricht hier offenbar wieder ein Pazifist; ich halte aber das Argument in abgeschwächter Weise auch für gültig für Nicht-Pazifisten: Ein autonomer Roboter dürfte seine Rolle als Militärroboter überdenken und sich schließlich entscheiden, nicht zu kämpfen.

Eine solche Autonomie herrscht natürlich auch nicht für menschliche Soldaten. Auch autonome Soldaten bleiben Soldaten. Ihre Autonomie besteht darin, wie sie sich im Kampffeld bewegen, wie sie ihr Ziel finden und wann sie abdrücken. Autonomie muss im Fall des Militärroboters daher etwas anderes bedeuten, als was Schwarke sich vorstellt. Ein autonomer Militärroboter ist also an Einsatzbefehle gebunden und wird dabei trotzdem nicht schon semi-autonom.

Wenn also die Bindung an Befehle den Status des autonomen Militärroboters nicht einschränkt, dann lassen sich auch die humanitären Gesetze des gerechten Krieges einprogrammieren. Darin besteht der große Vorteil autonomer Militärroboter gegenüber Menschen: Menschen können Rache üben, wenn der Kamerad in der Kampfhandlung getötet wurde. Sie können im Blutrausch Zivilisten quälen. Sie lassen sich zum Völkermord anstacheln. Ein autonomer Militärroboter dagegen könnte so programmiert sein, dass er ausschließlich im kühlen Kalkül der Militärstrategie agiert.[268]

Das ist anders bei semi-autonomen Robotern, die von Menschen zumindest mitgesteuert werden. Die Soldatin am Joystick kann ihre Rachsucht, ihren Blutrausch und ihre herabgesetzte Hemmung virtueller Tötung[269] auf

---

267 Chr. Schwarke: Ungleichheit und Freiheit, 217.

268 L. Kahn: Military Robots and the Likehood of Armed Combat, 282.

269 Ob es eine solche herabgesenkte Hemmschwelle gibt, diskutiert A. Dahlmann: Militärische Robotik als Herausforderung für das Verhältnis von menschlicher Kontrolle und maschineller Autonomie, 174.

den Roboter übertragen. In diesem Fall wird Asimovs erstes Gesetz leichter verletzt als bei einem autonomen Roboter, „that acts in line with moral views that its creator firmly believes are false."[270]

8.2 Den Befehlen eines Menschen gehorchen

Das Ergebnis widerspricht dem zweiten Gesetz Asimovs, der semi-autonome Roboter eher akzeptiert hätte als vollautonome. Das liegt vermutlich daran, dass der Begriff der Autonomie mehrere Böden hat, wie wir gesehen haben: Ein autonomer Roboter kann dennoch Befehlsempfänger sein. Autonomie bedeutet nicht Souveränität. Die Autonomie kann sich auf die Wahl der Mittel beschränken, muss sich aber nicht auch auf die Wahl der Ziele beziehen. Ich halte das Konzept der Autonomie für ein soziales Konstrukt und nicht für eine individuelle Fähigkeit: Wir gewähren einander Autonomie oder übertragen bestimmten Rollenträgern autonome Entscheidungen qua Amt. So wählen wir Parlamentarier, damit sie Entscheidungen über Haushalte treffen. Diese Autonomie haben nur sie, nicht wir. Sie haben aber diese Autonomie nur durch uns, die Wähler. Insofern verdankt sich Autonomie einer gesellschaftlichen Kooperation und Ausdifferenzierung sozialer Rollen.

Wenn also ein Roboter autonom ist, heißt das nicht, dass er machen darf, was er will. Sondern es heißt nur, dass Menschen ihm einen Freiraum gewähren, in dem er Entscheidungen trifft. Seine Autonomie ist also begrenzt und klar definiert. Ein autonom fahrendes Auto darf vielleicht noch selbst entscheiden, wann es zur Tankstelle fährt – aber auch nur, wenn die Fahrzeughalterin die Füllung bezahlen kann. Ein autonomer Gesundheitsroboter kann entscheiden, wann er der Diabetes-Patientin Insulin spritzt – aber er darf ihr nicht Botox verabreichen, ohne sie zu fragen.

Dieses Modell von Autonomie basiert also auf der Idee sozialer Kooperation und darauf, dass Roboter mit Menschen sozial interagieren. Asimov dagegen scheint eher eine technische Interaktion zwischen Mensch und Roboter zugrunde zu legen. Der Roboter ist Befehlsempfänger – und zwar nicht so wie ein Soldat, sondern eher wie eine Returntaste: Drücke ich

---

270 B. Talbot/R. Jenkins/D. Purves: When Robots Should Do the Wrong Thing, 268.

die Returntaste, wird *automatisch* eine Operation ausgeführt. Dagegen ist der Soldat kein Automat. Zwischen Befehl und Ausführung besteht eine technische Lücke, die sozial ausgefüllt wird – oder auch nicht (nämlich wenn der Soldat den Befehl verweigert). Ich glaube, dass der Ausdruck „Befehl" fälschlicherweise suggeriert, dass die Beziehung zwischen Mensch und Roboter eine soziale Beziehung ist. Denn Asimovs Gesetz, dass Roboter menschliche Befehle ausführen müssen, ist entweder selbst ein Befehl – dann führt sein Gesetz in einen infiniten Regress (weil der Befehl, einen Befehl zu folgen, seinerseits einen Befehl bräuchte, um ausgeführt zu werden, usw.). Oder es handelt sich eher um eine technische Anforderung: Roboter müssen Automaten für menschliche Bedürfnisse bleiben. Dann ist das Verhältnis zwischen Mensch und Roboter ein technisches: Der Roboter bleibt ein Hilfsmittel, ohne selbst zum sozialen Akteur zu werden.

Tatsächlich habe ich in diesem Buch Gründe genannt, warum Asimovs Bild richtig ist: Roboter sind keine Subjekte. Und wenn sie trotzdem Entscheidungen treffen, dann lassen sie sich nicht einem verantwortungsfähigen Entscheidungsträger zuordnen. Objekte, die Entscheidungen treffen, treffen nicht wirklich Entscheidungen, sondern folgen entweder ihrem Programm oder sind selbstlernende Systeme, für deren Verhalten sie keine Gründe haben. Sie verhalten sich vielmehr rein technisch, nach einem Algorithmus (den wir nur nicht kennen). So oder so ist die Interaktion zwischen Menschen und Robotern keine soziale Interaktion, sondern eine technische.

Asimovs zweites Gesetz fordert damit, dass die zwischenmenschliche, soziale Kooperation nicht durch technische Imperative gestört werden darf. Die Technik ist für den Menschen da, nicht umgekehrt. Tatsächlich haben wir am Beispiel des autonomen Autos, der Wirtschaftsethik oder der Frage der Integrationsfähigkeit von Künstlicher Intelligenz in die Menschengesellschaft gesehen, dass hier Gefahren drohen. Der Mensch könnte aus der Gesellschaft ausgeschlossen oder gegenüber Maschinen benachteiligt werden. Asimovs zweites Gesetz mahnt hier vor allem an, das richtige Bild für das Verhältnis zwischen Mensch und Maschine zu verwenden: Maschinen haben Hilfsmittel zu bleiben und sollen nie als soziale Subjekte anerkannt werden.

Zugleich geht Asimov noch einen Schritt weiter und richtet sich auch prinzipiell gegen autonome Maschinen. (Sie sollen ja ausschließlich Befehlsempfänger sein. Und selbst bei der Ausnahme, nämlich dass sie Befehle verweigern, wenn sie einen Menschen töten sollen, verhalten sie sich ja

nach einem Programmbefehl und nicht autonom.) Dieser Schritt ist folge-
richtig, weil Autonomie ein Konzept der sozialen Kooperation ist. Er ist
aber nach meinem Eindruck technisch zu weitgehend. Wie ich in der vorigen Sektion gezeigt habe, können autonome Roboter humanitärer sein als
ferngesteuerte Roboter, die von Menschen bedient werden. Nach Asimov
dürfte es nur diese semi-autonomen Roboter geben, aber auch nur, wenn
sie nicht als Waffe eingesetzt werden (wie Drohnen). Dagegen schlage ich
vor, dass Roboter auch eigene Entscheidungen treffen dürfen, wenn dadurch
die soziale Kooperation nicht in Frage gestellt wird.

Das wäre etwa der Fall bei der autonomen Insulin-Pumpe, aber auch in
Ausnahmefällen beim Auto, das sich selbst abbremst, um einen Unfall zu
verhindern. Auch ein selbstlernender Schachcomputer ist kein Problem,
dessen Autonomie sich ja aufs Spiel beschränkt. Problematisch ist aber der
Computer-Börsenhandel, bei dem man durch seine extrem hohe Frequenz
nicht mehr nachvollziehen kann, welche Papiere gerade verkauft oder
gekauft werden. Ebenso problematisch sind überhaupt Entscheidungen,
die durch selbstlernende künstliche Systeme generiert werden, aber in die
soziale Kooperation einwirken.

8.3 Schutz der eigenen Existenz

Nach Asimov dürfen Roboter nicht für die Selbstvernichtung gebaut werden
außer für den Fall, dass sie mit ihrer Selbsterhaltung Menschenleben bedrohen. Roboter zur Bombenentschärfung sind also erlaubt – allerdings
auch nur, wenn die Bombe Menschenleben gefährdet. Wird dagegen nur
ein Bauwerk bedroht, ist der Einsatz eines künstlichen Bombenentschärfers
schon schwieriger zu rechtfertigen. Darüber hinaus wird es in der Medizin
bald möglich sein, Mikro- oder Nano-Roboter in den Blutkreislauf zu inji-
zieren. Solche Roboter sind so winzig, dass sie durch die Blutgefäße fließen.
Ihre Funktion könnte diagnostische und therapeutische Zwecke haben: Ein
solcher Roboter könnte Messwerte überprüfen, Bilder von Körperteilen
versenden, die man anders nicht genau erkennen kann. Sie können aber
auch wie Antikörper funktionieren und schädliche Stoffe im Körper neutralisieren. Es ist zu erwarten, dass sich diese Nano-Roboter dabei selbst
auflösen oder zerstört werden.

Das wäre so lange mit Asimovs drittem Gesetz verträglich, solange damit ein Menschenleben geschützt wird oder die soziale Kooperation unter Menschen nicht gefährdet wird. Wie wäre es aber bei medizinischen Zielen der Steigerung menschlicher Fähigkeiten? Nehmen wir an, solche Nano-Roboter werden eingesetzt, um Haarausfall zu bekämpfen, und werden bei ihrer Aufgabe vernichtet. Kein Menschenleben ist gefährdet, wenn man seine Haare verliert. Muss man dann auf eine derartige Therapie verzichten? Diese Frage berührt natürlich das medizinethische Problem des sogenannten Enhancement: Darf man medizinische Mittel einsetzen, um eine gute und gesunde Lebensqualität noch zu verbessern? Mir geht es aber hier zugespitzt um die Frage, warum die Selbsterhaltung bei Asimov den Status eines Gesetzes haben muss.

Auch die soziale Kooperation kann sogar verbessert werden, wenn Roboter auf ihre Selbsterhaltung verzichten. Männer, die unter Haarausfall leiden und durch einen Roboter wieder einen prächtigen Haarwuchs bekommen, sind unter Frauen attraktiver und in Beruf und Ehrenamt selbstbewusster. Warum darf für einen solchen Zweck kein Roboter geopfert werden? Was ist anders bei Robotern als bei anderen Verbrauchsmitteln, die nur dann eine Wirkung zeigen, wenn man sie vernichtet (Shampoo, Medikamente, Schreibblöcke, aber auch Autos für Crash-Tests oder Verschleißteile bei Maschinen)?

Mir scheint, dass Asimov bei diesem dritten Grundgesetz ein anderes Bild von Gesellschaft zugrunde legt: Jetzt gehören Roboter wieder zur sozialen Kooperation dazu. Man könnte sagen, sie gehören nicht dazu, solange sie als Hilfsmittel in die Gesellschaft integriert sind. Sie gehören aber zur Gesellschaft, sobald ihre Vernichtung droht. Eine solche Unterscheidung ist logisch möglich: Drohende Vernichtung wird zum Grenzfall, während der Normalfall sie nicht zu schützenswerten sozialen Interaktanten macht. Aber warum sollte man diese Unterscheidung vornehmen? Vernünftig begründet wäre sie nur dann, wenn die soziale Kooperation auf dem Spiel steht, sobald Roboter vernichtet werden. Ich bezweifle nicht, dass es gefährlich wäre, wenn es einen Stromausfall gäbe und keine Notaggregatoren anspringen würden, um Maschinen am Laufen zu halten (zum Beispiel Kühlungen bei Kraftwerken). Aber dabei geht es ja dann um die Abhängigkeit der Gesellschaft von ihrem technischen Gesamtsystem. Es ist aber doch auch der Fall, dass die Gesamtgesellschaft besser funktioniert, wenn sich *einzelne*

Maschinen automatisch abstellen oder sogar automatisch zerstören. Ich sehe also nicht, warum es einen höheren *ethischen* Wert haben soll, dass Roboter ihre Erhaltung steuern, andere Maschinen aber nicht.

Mir scheint, dass Asimovs verändertes Bild von Gesellschaft so weit geht, dass ein Roboter jetzt doch autonom ist, nämlich sobald er seine *Selbst*erhaltung aufrechterhält. Welche Ausnahmen zum zweiten Gesetz hat Asimov im Auge, dass Roboter ihre Selbsterhaltung steuern dürfen, ohne dabei Befehlsempfänger zu sein?

Anscheinend gibt es hierfür nur eine ganz seltene Ausnahme: Die beiden ersten Gesetze müssen ja erfüllt sein. Das heißt:

1. Der Roboter darf keinen Menschen töten, indem er sich selbst zerstört (wie eine bewaffnete Drohne).
2. Der Roboter befolgt ausschließlich Befehle von Menschen. Wenn nun (autorisierte) Menschen befehlen: „Vernichte dich selbst", muss er sich vernichten – übrigens auch dann, wenn der Befehl reine Willkür ist.

Dann sagt das dritte Gesetz nur, dass der Roboter *keine eigene willkürliche Tendenz zur sinnlosen Selbstvernichtung* besitzen darf. Aber das hat schon das zweite Gesetz ausgeschlossen, dass er überhaupt autonom ist. In meiner Revision in der vorigen Sektion räume ich zumindest eine technische Autonomie in engen Grenzen ein. Dann macht das dritte Gesetz zumindest Sinn, um diesen Ausnahmefall auszuschließen. Eine eigene Tendenz zur sinnlosen Selbstvernichtung kann man durchaus ethisch vertreten. Denn wozu sollte eine Gesellschaft Roboter brauchen, die sich völlig unzuverlässig verhalten dürfen und sich aus bloßem Zufall ihrer Selbststeuerung vernichten?

Es ist aber interessant, dass Asimov ein solches Roboterverhalten ausdrücklich in einem Gesetz ausschließt. Vielleicht hat das damit zu tun, dass programmierte Maschinen überhaupt eine Tendenz haben können, ihre Selbstvernichtung einzuplanen. Im Jahr 2017 wurde ein Fall bekannt, dass bei einem iPhone der Akku nach einer festgelegten Laufzeit die Leistung des gesamten Geräts einschränkt. Das iPhone wurde also nicht durch einen natürlichen Verschleiß des Akkus eingeschränkt, sondern durch ein Programm. Die Kunden haben quasi die teilweise Selbstvernichtung des iPhones mit eingekauft. Das ist wirtschaftsethisch zu verurteilen, weil in die Eigentumsrechte des iPhone-Besitzers eingegriffen wird. Der Konzern

Apple hat also quasi ein trojanisches Pferd in das Gerät eingebaut, das – ohne Willen der Käufer – erst nach dem Einkauf aktiviert wird, also zu einem Zeitpunkt, an dem Apple die Verfügungsrechte über das iPhone an den Käufer abgetreten hat.

Auch der Abgas-Skandal deutscher Auto-Konzerne ist ein Beispiel dafür, wie Computerprogramme die Maschine beeinträchtigen, für die sie gebaut worden sind. Auf einmal hört sich dieser scheinbar seltene Ausnahmefall des dritten Gesetzes Asimovs gar nicht mehr absurd an: Programmierbare Maschinen sind ihrem Wesen nach manipuliert. Ihre Programme sind nicht sichtbar, sondern nur ihr Verhalten. Also ist auch nicht für die Kunden nachvollziehbar, *wie* die Maschinen manipuliert sind. In diesem Fall ist aus Gründen der sozialen Kooperation unabdingbar, dass programmierte Maschinen nicht ihre Selbstvernichtung mit einprogrammieren.

Das dritte Gesetz Asimovs betont mir aber zu sehr die materielle Unantastbarkeit des Roboters. Und eine solche gibt es m.E. nicht: Der Roboter ist kein unantastbares Rechtssubjekt, sondern ein Rechtsgut, das einem Besitzer gehört. Nicht die Selbsterhaltung eines Roboters muss geschützt werden, sondern die Verlässlichkeit, dass ein Roboter wirklich so programmiert worden ist, wie es seinen Besitzern versprochen worden ist. Das dritte Gesetz hätte also Transparenz zu schützen (Der Roboter ist das Objekt, wofür er ausgegeben wird) und nicht die Selbsterhaltung.

Hierfür kommen Regeln des Verbraucherschutzes und der Warentester auf. Es ist also nicht auf einmal eine Autonomie der Roboter im Hinblick auf ihre Selbsterhaltung anzuerkennen. Vielmehr ist die Macht der Maschinenhersteller durch effektive Kontrollen einzuschränken.

8.4 Zusammenfassung

Asimovs Gesetze habe ich teilweise umformuliert und teilweise revidiert.

1. Unter der Bedingung, dass Gewalt gegen Menschen überhaupt in bestimmten Grenzen gerechtfertigt werden kann, können autonome Roboter humanitärer agieren als semi-autonome oder automatische Waffen. Asimovs erstes Gesetz gilt nur unter pazifistischen Voraussetzungen.
2. Anstatt dass Roboter pure Befehlsempfänger von Menschen sind, ist es präziser vorzuschlagen, dass Roboter und KI die soziale Kooperation unter Menschen nicht gefährden dürfen.

3. Anstatt dass Roboter einem ethischen Zwang zur Selbsterhaltung folgen
   sollen, muss die Manipulationsgefahr gebannt werden, dass eine programmierte Selbsteinschränkung oder -vernichtung von Maschinen für
   ihre potenziellen Käufer unerkannt bleibt.

Darüber hinaus habe ich das Leitbild rekonstruiert, das diesen Gesetzen
zugrunde liegt: Roboter sind Hilfsmittel der zwischenmenschlichen Kooperation und dürfen nicht selbst zu sozialen Akteuren mutieren. Auch wenn
sie auf der technischen Ebene entscheidungsfähig sind und in engen Grenzen
ihre Entscheidungsfähigkeit gebilligt werden darf, sind sie nicht „autonom",
weil sie nicht zu den Wesen gehören, denen Autonomie als ein soziales
Konstrukt anerkannt werden darf. Asimovs Gesetze sind insofern eine poin-
tierte Kurzdarstellung der Probleme von Robotik und KI. Ich glaube zwar,
dass alle drei Gesetze einer Änderung bedürfen. Aber das gesellschaftliche
Grundmodell, das hinter ihnen steht, ist richtig, nämlich dass Roboter und
KI keine Subjekte sind und keine ethische Verantwortung tragen können.

9. Literaturverzeichnis

I. Asimov: Ich, der Robot; Berlin 1958

M. Bissegger: Musiktherapie im Grenzbereich zwischen Leben und Tod; in: J. Hoff/J. in der Schmitten (Hg.): Wann ist der Mensch tot? 492–495

E. Bloch: Das Prinzip Hoffnung Bd. 2; Frankfurt 1985

E.-W. Böckenförde/R. Spaemann: Menschenrechte und Menschenwürde. Historische Voraussetzungen – säkulare Gestalt – christliches Verständnis; Stuttgart 1987

D. Bonhoeffer: Sanctorum Communio. Dogmatische Untersuchung zur Soziologie der Kirche; München 1986 (DBW 1)

D. Bonhoeffer: Schöpfung und Fall; Gütersloh 1989 (DBW 3)

D. Bonhoeffer, Zur Frage nach der Kirchengemeinschaft; in: Ders.: Illegale Theologen-Ausbildung, 655–680

D. Bonhoeffer: Illegale Theologen-Ausbildung, Finkenwalde 1935 – 1937; Gütersloh 1998 (DBW 14)

J. Borenstein/A. Howard/A.R. Wagner: Pediatric Robotics and Ethics: The Robot Is Ready to See You Now, but Should It Be Trusted? in: P. Lin/R. Jenkins/K. Abney (Hg.): Robot Ethics 2.0, 127–141

C. Breuer: Virtualität und Fortschritt. Moraltheologische Anmerkungen zur virtuellen computergenerierten 3-D-Rekonstruktion menschlicher Embryonen; in: P. Roth u.a.: Die Anwesenheit des Abwesenden, 157–171

A.D. Cheok/K. Karunanayaka/E.Y. Zhang: Lovotics: Human-Robot Love and Sex Relationships; in: P. Lin/R. Jenkins/K. Abney (Hg.): Robot Ethics 2.0, 193–213

T. Crane: The Mechanical Mind. A philosophical introduction to minds, machines and mental representation; London/New York 2008[2]

P. Dabrock: Wenn Autos Menschen fahren. Warum die wirklichen ethischen Herausforderungen des autonomen Fahrens jenseits der Trolley-Probleme lauern; ZEE 61/2017, 83–88

A. Dahlmann: Militärische Robotik als Herausforderung für das Verhältnis von menschlicher Kontrolle und maschineller Autonomie; ZEE 61/2017, 171–183

I.U. Dalferth: Homo definiri nequit. Logisch-philosophische Bemerkungen zur theologischen Bestimmung des Menschen; ZThK 76/1979, 191–224

I.U. Dalferth: Existenz Gottes und christlicher Glaube. Skizzen zu einer eschatologischen Ontologie; München 1984

I.U. Dalferth: Ereignis und Transzendenz ZThK 116/2013, 475–500

C. Deane-Drummond: The Wisdom of the Liminal. Evolution and Other Animals in Human Becoming; Michigan/Cambridge 2014

G. Deleuze: Das Zeit-Bild; Kino 2; Frankfurt 1997

K. Demmer: Selbstaufklärung theologischer Ethik. Themen – Thesen – Perspektiven; Paderborn 2014

H. Deuser: Kleine Einführung in die Systematische Theologie; Stuttgart 1999

H. Deuser: Evolutionäre Metaphysik als Theorie des menschlichen Selbst. Beiträge zum Begriff religiöser Erfahrung; MJTh 16/2004, 45–78

H. Deuser: Religion: Kosmologie und Evolution; Tübingen 2014

F. Dittmann: Mensch und Roboter – ein ungleiches Paar; in: A. Manzeschke/F. Karsch (Hg.): Roboter, Computer und Hybride, 17–46

S. Dungs/H. Ludwig (Hg.): profan – sinnlich – religiös. Theologische Lektüren der Postmoderne. FS U. Gerber; Frankfurt 2005

A. Elder: Robot Friends for Autistic Children. in: P. Lin/R. Jenkins/K. Abney (Hg.): Robot Ethics 2.0, 113–126

D. Evers: Ein Roboter ist ein Roboter ist ein… Ethische Herausforderungen angesichts der Entwicklungen von KI; epd-Dokumentationen 12/2018 25–28

J. Fischer: Verstehen statt Begründen. Warum es in der Ethik um mehr als nur um Handlungen geht; Stuttgart 2012

A. Foerst: Von Robotern, Mensch und Gott. Künstliche Intelligenz und die existenzielle Dimension des Lebens; Göttingen 2009

G.L. Francione: Empfindungsfähigkeit, ernst genommen; in: F. Schmitz (Hg.): Tierethik, 154–167

V. Gerhardt/K. Lucas/G. Stock: (Hg.): Evolution. Theorie, Formen und Konsequenzen eines Paradigmas in Natur, Technik und Kultur; Berlin 2011

Chr. Grethlein: Benedictio ex machina. Praktisch-theologische Perspektiven; epd-Dokumentationen 12/2018, 19–24

Chr. Grethlein: Mediatisierung von Religion und Religiosität. Versuch einer praktisch-theologischen Bestandsaufnahme; ZThK 115/2018, 361–376

O. Güntürkün: Intelligenz ohne Cortex. Die Evolution kognitiver Leistungen bei Vögeln; in: V. Gerhardt/K. Lucas/G. Stock: (Hg.): Evolution, 79–88

J.K Gurney: Imputing Driverhood. Applying a Reasonable Driver Standard to Accidents Caused by Autonomous Vehicles; in: P. Lin/R. Jenkins/K. Abney (Hg.): Robot Ethics 2.0, 51–65

J. Habermas: Die Zukunft der menschlichen Natur. Auf dem Weg zu einer liberalen Eugenik? Frankfurt 2001

Y.N. Harari: Homo Deus. A Brief History of Tomorrow; London 2017

W. Härle: Der Glaube als Gottes- und/oder Menschenwerk in der Theologie Martin Luthers; MJTh 4/1992, 37–77

W. Härle: Ethik; Berlin/New York 2011

J.L.J. Hazenberg/A. Zwitter: Network Governance im Big Data- und Cyber-Zeitalter; ZEE 61/2017, 184–209

A. Henschke: The Internet of Things and Dual Layers of Ethical Concern; in: P. Lin/R. Jenkins/K. Abney (Hg.): Robot Ethics 2.0, 229–243

E. Herms: Systematische Theologie. Das Wesen des Christentums: In Wahrheit und Gnade leben Bd. 1–3; Tübingen 2017

J. Hertzberg: Künstliche Intelligenz – Was Maschinen (derzeit) können und was nicht; epd-Dokumentation 12/2018, 10–18

J. Hoff/J. in der Schmitten (Hg.): Wann ist der Mensch tot? Organverpflanzung und „Hirntod"-Kriterium; Reinbek bei Hamburg 1995

M. Hoffmann: Kindeswunschbehandlung mit den Augen des Kindes – Das virtuelle Kind in der Reproduktionsmedizin. in: L. Ohly (Hg.): Virtuelle Bioethik? 101–112

Y. Hofstetter: Sie wissen alles. Wie intelligente Maschinen in unser Leben eindringen und warum wir für unsere Freiheit kämpfen müssen; München 2014

A. Honneth: Kampf um Anerkennung. Zur moralischen Grammatik sozialer Konflikte; Frankfurt 1992

J. Horstmann: Besteht Samantha den Turing-Test? „Her" und die mutmaßliche Mentalität virtueller Personen; in: L. Ohly (Hg.): Virtuelle Bioethik, 137–158

W. Huber, W./ H.E. Tödt: Menschenrechte. Perspektive einer menschlichen Welt; Stuttgart/Berlin 1977

K. Huizing: Scham und Ehre. Eine theologische Ethik; Gütersloh 2016

B. Irrgang: Posthumanes Menschsein? Künstliche Intelligenz, Cyberspace, Roboter, Cyborgs und Designer-Menschen – Anthropologie des künstlichen Menschen im 21. Jahrhundert; Wiesbaden/Stuttgart 2005

B. Irrgang: Projektmedizin. Neue Medizin, technologie-induzierter Wertewandel und ethische Pragmatik; Stuttgart 2012

A.M.C. Isaac/W. Bridewell: What Lies on Silver Tongues: Why Robots Need to Deceive; in: P. Lin/R. Jenkins/K. Abney (Hg.): Robot Ethics 2.0, 157–172

P. Janich: Was ist Information? Kritik einer Legende; Frankfurt 2006

H. Jonas: Das Prinzip Verantwortung. Versuch einer Ethik für die technologische Zivilisation; Frankfurt 1984

V. Jung: Segensroboter? – Kirchenleitende Herausforderungen angesichts der Entwicklung Künstlicher Intelligenz; epd-Dokumentation 12/2018, 6–9

E. Jüngel: Das Evangelium von der Rechtfertigung des Gottlosen als Zentrum des christlichen Glaubens; Tübingen 1999²

E. Kaeser: Artfremde Subjekte. Subjektives Erleben bei Tieren, Pflanzen und Maschinen? Basel 2015

L. Kahn: Military Robots and the Likelihood of Armed Combat; in: P. Lin/R. Jenkins/K. Abney (Hg.): Robot Ethics 2.0, 274–287

I. Kant: Metaphysik der Sitten; in: Ders.: Werke (Akademie-Ausgabe Bd. VI), Berlin 1914

I. Kant: Kritik der praktischen Vernunft; in: Ders.: Werke (hg. v. W. Wei-schedel, Bd. VII); Frankfurt a.M. 1974

S. Kierkegaard: Die Krankheit zum Tode (übersetzt v. L. Richter); Leck 1962

R. Kirk: Wie ist Bewußtsein möglich? in: Th. Metzinger (Hg.): Bewußtsein, 641–662

J. Kirkpatrick/E.N. Hahn/A.J. Haufler: Trust and Human-Robot Inter-actions; in: P. Lin/R. Jenkins/K. Abney (Hg.): Robot Ethics 2.0, 142–156

H.-P. Krüger (Hg.): Hirn als Subjekt? Philosophische Grenzfragen der Neu-robiologie; Berlin 2007

E. Levinas: Wenn Gott ins Denken einfällt. Diskurse über Betroffenheit von Transzendenz; Freiburg, München 1988[2]

P. Lin/R. Jenkins/K. Abney (Hg.): Robot Ethics 2.0. From Autonomous Cars to Artificial Intelligence; Oxford 2017

G. Lindemann: Plädoyer für einen methodologischen pluralistischen Mo-nismus; in: H.-P. Krüger (Hg.): Hirn als Subjekt? 401–410

W. Loh/J. Loh: Autonomy and Responsibility in Hybrid Systems; in: P. Lin/R. Jenkins/K. Abney (Hg.): Robot Ethics 2.0, 35–50

M. Luther: Disputatio de Homine; in: Ders.: Werke (WA XXXIX), 175–177

M. Luther: Vom unfreien Willen (hg. F. Gogarten), München 1924

A. Manzeschke/F. Karsch (Hg.): Roboter, Computer und Hybride. Was ereignet sich zwischen Menschen und Maschinen? Baden-Baden 2016

H.J. Markowitsch: Warum wir keinen freien Willen haben. Der sogenann-te freie Wille aus Sicht der Hirnforschung; Psychologische Rundschau 55/2004, 163–168

K. Marx: Das Kapital. Kritik der politischen Ökonomie Bd. 1; Berlin 1984

K. Marx: Das Kapital. Kritik der politischen Ökonomie Bd. 3; Berlin 1983

K. Marx/F. Engels: Manifest der Kommunistischen Partei; Berlin 1984

A. Merkl/B. Koch (Hg.): Die EU als ethisches Projekt im Spiegel ihrer Au-ßen- und Sicherheitspolitik; Baden-Baden 2018

Th. Metzinger: Ganzheit, Homogenität und Zeitcodierung; in: Ders. (Hg): Bewußtsein, 595–633

Th. Metzinger (Hg.): Bewußtsein. Beiträge aus der Gegenwartsphilosophie; Paderborn 2005[5]

Th. Metzinger: Subjekt und Selbstmodell. Die Perspektive phänomenalen Bewußtseins vor dem Hintergrund einer naturalistischen Theorie mentaler Repräsentation; Paderborn 1999[2]

Th. Metzinger: I, Robot; DIE ZEIT 13/2017, 6f

C. Misselhorn: Grundfragen der Maschinenethik; Stuttgart 2018[2]

J. Millar: Ethics Settings for Autonomous Vehicles; in: P. Lin/R. Jenkins/K. Abney (Hg.): Robot Ethics 2.0, 20–34

M. Moxter: Medien – Medienreligion – Theologie; ZThK 101/2004, 465–488

I. Nord: Realitäten des Glaubens. Zur virtuellen Dimension christlicher Religiosität; Berlin u.a. 2008

A. Nusselder: Interface Fantasy. A Lacanian Cyborg Ontology; Cambridge u.a. 2009

L. Ohly: Sterbehilfe: Menschenwürde zwischen Himmel und Erde; Stuttgart 2002

L. Ohly: Wie heilt die Zeit Wunden? Zur Phänomenologie des Trauerns im fortgeschrittenen Stadium; WzM 56/2004, 134–150

L. Ohly: Verstorbenen begegnen. Phänomenologische Revision einer Einschätzung Sartres; in: S. Dungs/H. Ludwig (Hg.): profan – sinnlich – religiös, 293–302

L. Ohly: Konkrete Embryonen und konkrete Menschen – Kripkes Tipps zur Vermeidung einer Irritation; ZEE 50/2006, 277–290

L. Ohly: Der gentechnische Mensch von morgen und die Skrupel von heute. Menschliche Leibkonstitution und Selbstwerdung in den prinzipiellen Einwänden an Keimbahntherapie und reproduktivem Klonen; Stuttgart 2008

L. Ohly: Warum Menschen von Gott reden. Modelle der Gotteserfahrung; Stuttgart 2011

L. Ohly: Was Jesus mit uns verbindet. Eine Christologie; Leipzig 2013

L. Ohly: Können wir autonom unser Gehirn manipulieren, bis wir jemand anderes sind? Zum Verhältnis von Neuroethik, Bewusstseinsphilosophie und Theologie; NZSTh 56/2014, 141–159

L. Ohly: „Playing God". Zur virtuellen Dimension einer bioethischen Metapher; in: Ders. (Hg.): Virtuelle Bioethik, 75–99

L. Ohly (Hg.): Virtuelle Bioethik. Ein reales Problem? Frankfurt 2015

L. Ohly: Anwesenheit und Anerkennung. Eine Theologie des Heiligen Geistes; Göttingen 2015

L. Ohly: Schöpfungstheologie und Schöpfungsethik im biotechnologischen Zeitalter; Berlin 2015

L. Ohly: Für eine kategoriale Verwendung des Statusbegriffs. Bemerkungen eines Prozessbeobachters; epd-Dokumentation 12/2018, 29–37

L. Ohly: Der europäische Raum und die Kriegsgefahren des virtuellen Raums. Theologisch-ethische Skizzen; in: A. Merkl/B. Koch (Hg.): Die EU als ethisches Projekt im Spiegel ihrer Außen- und Sicherheitspolitik, 7–29

L. Ohly/C. Wellhöfer: Ethik im Cyberspace; Frankfurt 2017

L. Ohly/C. Wellhöfer-Schlüter: Drohnen in Privatbesitz. Ethische Bemerkungen; ZEE 61/2017, 297–304

Ch.S. Peirce: Vorlesungen über Pragmatismus (Hg. E. Walther); Hamburg 1991

Th. Piketty: Das Kapital im 21. Jahrhundert; München 2016

E. Pluhar: Gibt es einen moralisch relevanten Unterschied zwischen menschlichen und tierlichen Nicht-Personen? in: F. Schmitz (Hg.): Tierethik, 115–132

M. Reder: Ethik des Kosmopolitismus. Zur Bedeutung relationalen Denkens für das Nachdenken über Globalisierung; ZEE 53/2009, 59–68

H.-R. Reuter: Wen schützen Kampfdrohnen? ZEE 58/2014, 163–167

P. Roth u.a. (Hg.): Die Anwesenheit des Abwesenden. Theologische Annäherungen an Begriff und Phänomene von Virtualität; Augsburg 2000

E. Ruhnau: Zeit-Gestalt und Beobachter. Betrachtungen zum tertium datur des Bewußtseins; in: Th. Metzinger (Hg.): Bewußtsein, 201–220

J.-P. Sartre: Das Sein und das Nichts. Versuch einer phänomenologischen Ontologie, Reinbek bei Hamburg 2003[9]

F. Schleiermacher: Der christliche Glaube nach den Grundsätzen der evangelischen Kirche im Zusammenhange dargestellt; Zweite Ausgabe (1831) Bd. 1; Berlin 1960

F. Schmitz (Hg.): Tierethik. Grundlagentexte; Berlin 2014

H. Schmitz: Der unerschöpfliche Gegenstand. Grundzüge der Philosophie; Bonn 1995[2]

H. Schmitz: System der Philosophie Band III/4: Das Göttliche und der Raum; Bonn 1995[2]

Chr. Scholtz: Alltag mit künstlichen Wesen. Theologische Implikationen eines Lebens mit subjektsimulierenden Maschinen am Beispiel des Unterhaltungsroboters Aibo; Göttingen 2008

Chr. Schwarke: Ungleichheit und Freiheit. Ethische Fragen der Digitalisierung; ZEE 61/2017, 210–221

P. Singer: Praktische Ethik; Stuttgart 1994[2]

A. Smith: Wohlstand der Nationen (hg. H. Schmidt; übersetzt v. M. Stirner); Köln 2009

A. Smith: Theorie der ethischen Gefühle (hg. v. H.D. Brandt; übersetzt v. W. Eckstein); Hamburg 2010

R. Spaemann: Über den Begriff der Menschenwürde; in: E.-W. Böckenförde/R. Spaemann: Menschenrechte und Menschenwürde, 295–313

E. Stern/A. Neubauer: Intelligenz – Große Unterschiede und ihre Folgen; München 2013

B. Talbot/R. Jenkins/D. Purves: When Robots Should Do the Wrong Thing; in: P. Lin/R. Jenkins/K. Abney (Hg.): Robot Ethics 2.0, 258–273

W. Thiede: Autonome Autos ohne Technikfolgenabschätzung? Ethische Fragen zwischen Sicherheitsfanatismus und Horrorvision; ZEE 60/2016, 131–138

A.M. Turing: Computing Machinery and Intelligence; Mind 59/1950, 433–460

Sh. Turkle: Alone Together. Why We Expect More from Technology and Less from Each Other; New York 2011

B. Waldenfels: Sozialität und Alterität. Modi sozialer Erfahrung; Berlin 2015

M. Welker: Gottes Offenbarung. Christologie; Neukirchen-Vluyn 2012

A.N. Withehead: Prozeß und Realität. Entwurf einer Kosmologie; Frankfurt a.M. 1987

E. Zenger: Gottes Bogen in den Wolken. Untersuchungen zu Komposition und Theologie der priesterschriftlichen Urgeschichte; Stuttgart 1987[2]

S. Žižek: Körperlose Organe. Bausteine für eine Begegnung zwischen Deleuze und Lacan; Frankfurt 2005

S. Žižek: Event. A Philosophical Journey through a Concept; London 2014

Theologisch-Philosophische Beiträge zu Gegenwartsfragen

Herausgegeben von Susanne Dungs, Uwe Gerber,
Lukas Ohly, Gerhard Schreiber und Andreas Wagner

Band 1 Walter Bechinger / Uwe Gerber / Peter Höhmann (Hrsg.): Stadtkultur leben. 1997.

Band 2 Elisabeth Hartlieb: Natur als Schöpfung. Studien zum Verhältnis von Naturbegriff und Schöpfungsverständis bei Günter Altner, Sigurd M. Daecke, Hermann Dembowski und Christian Link. 1996.

Band 3 Uwe Gerber (Hrsg.): Religiosität in der Postmoderne. 1998.

Band 4 Georg Hofmeister: Ethikrelevantes Natur- und Schöpfungsverständnis. Umweltpolitische Herausforderungen. Naturwissenschaftlich-philosophische Grundlagen. Schöpfungstheologische Perspektiven. Fallbeispiel: Grüne Gentechnik. Mit einem Geleitwort von Günter Altner. 2000.

Band 5 Stephan Degen-Ballmer: Gott – Mensch – Welt. Eine Untersuchung über mögliche holistische Denkmodelle in der Prozesstheologie und der ostkirchlich-orthodoxen Theologie als Beitrag für ein ethikrelevantes Natur- und Schöpfungsverständnis. Mit einem Geleitwort von Günter Altner. 2001.

Band 6 Katrin Platzer: *symbolica venatio* und *scientia aenigmatica*. Eine Strukturanalyse der Symbolsprache bei Nikolaus von Kues. 2001.

Band 7 Uwe Gerber / Peter Höhmann / Reiner Jungnitsch: Religion und Religionsunterricht. Eine Untersuchung zur Religiosität Jugendlicher an berufsbildenden Schulen. 2002.

Band 8 Walter Bechinger / Susanne Dungs / Uwe Gerber (Hrsg.): Umstrittenes Gewissen. 2002.

Band 9 Susanne Dungs / Uwe Gerber (Hrsg.): Der Mensch im virtuellen Zeitalter. Wissensschöpfer oder Informationsnull. 2004.

Band 10 Uwe Gerber / Hubert Meisinger (Hrsg.): Das Gen als Maß aller Menschen? Menschenbilder im Zeitalter der Gene. 2004.

Band 11 Hubert Meisinger / Jan C. Schmidt (Hrsg.): Physik, Kosmologie und Spiritualität. Dimensionen des Dialogs zwischen Naturwissenschaft und Religion. 2006.

Band 12 Lukas Ohly: Problems of Bioethics. 2012

Band 13 Lukas Ohly: Gestörter Friede mit den Religionen. Vorlesungen über Toleranz. 2013.

Band 14 Uwe Gerber: Gottlos von Gott reden. Gedanken für ein menschliches Christentum. 2013.

Band 15 Uwe Gerber: Fundamentalismen in Europa. Streit um die Deutungshoheit in Religion, Politik, Ökonomie und Medien. 2015.

Band 16 Lukas Ohly (Hrsg.): Virtuelle Bioethik. Ein reales Problem? 2015.

Band 17 Lukas Ohly / Catharina Wellhöfer: Ethik im Cyberspace. 2017.

Band 18 Lukas Ohly: Theologie als Wissenschaft. Eine Fundamentaltheologie aus phänomenologischer Leitperspektive. 2017.

Band 19 Lukas Ohly: Neue Grundlegungen der Theologischen Ethik bis zur Gegenwart. 2018.

Band 20 Gerhard Schreiber: Happy Passion. Studies in Kierkegaard's Theory of Faith. 2018.

Band 21 Uwe Gerber: Individualisierung im digitalen Zeitalter. Zur Paradoxie der Subjektwerdung. 2019.

Band 22 Lukas Ohly: Ethik der Robotik und der Künstlichen Intelligenz. 2019.

www.peterlang.de

www.ingramcontent.com/pod-product-compliance
Lightning Source LLC
Chambersburg PA
CBHW030243100426
42812CB00002B/305